Jesus de Nazaré e
Madre Teresa de Calcutá

José Carlos Leal

Jesus de Nazaré e Madre Teresa de Calcutá

2ª edição

JESUS DE NAZARÉ E MADRE TERESA DE CALCUTÁ
COPYRIGHT© NOVO SER EDITORA

Editor: *Cláudio Luiz Brandão José*
Copidesque e revisão: *Maria Flavia dos Reis Amambahy*
2ª edição: *2014*
Impresso no Brasil *Printed in Brazil*

Rua Divisória, 10 – sala 307 – Bento Ribeiro
CEP 21331-250 – Rio de Janeiro – RJ
Tel.: 21 3017-2333 e 2146-0514

www.novosereditora.com.br

Todos os direitos de reprodução, cópia, comunicação ao público e exploração econômica desta obra estão reservados única e exclusivamente para a Novo Ser Editora. Proibida a reprodução parcial ou total da mesma, através de qualquer forma, meio ou processo eletrônico, digital, fotocópia, microfilme, internet, CD-ROM, sem prévia e expressa autorização da Editora, nos termos da lei 9.610/98 que regulamenta os direitos de autor e conexos.

DADOS INTERNACIONAIS PARA CATALOGAÇÃO NA PUBLICAÇÃO (CIP)

L471m

    Leal, José Carlos, 1940-
        Jesus de Nazaré e Madre Teresa de Calcutá / José Carlos Leal. - 2. ed. - Rio de Janeiro : Novo Ser, 2014.
    128p. : il. ; 21cm.

    ISBN 978-85-63964-84-7

        1. Teresa, de Calcutá, Madre, 1910-1987. 2. Jesus Cristo – Interpretações espíritas. 3. Missionárias da caridade – Biografia. 4. Freiras - Índia – Calcutá – Biografia.
    I. Título.

                                          CDD- 922.2

JOSÉ CARLOS DOS SANTOS MACEDO — BIBLIOTECÁRIO CRB7 N.3575

Sumário

Palavras introdutórias – Jesus e as dores do mundo 9

I. Das origens 17

II. Considerações gerais sobre a Índia – As castas indianas . . . 23

III. A vocação de Madre Teresa 31

IV. As bodas místicas com Jesus 41

V. Planejando a criação da Ordem 47

VI. Uma transferência inesperada 51

VII. A luta pelo reconhecimento da Ordem 53

VIII. A Madre Gertrudes 63

IX. Último obstáculo: permissão da Santa Sé 69

X. O trabalho cresce e os desafios aumentam 73

XI. Vida na Ordem 81

XII. Madre Teresa e as crianças 85

XIII. Madre Teresa e os hansenianos 89

XIV. A nostalgia de Madre Teresa 93

XV. As dúvidas e conflitos de Madre Teresa 97

XVI. As pedras no caminho 103

XVII. Madre Teresa e a Igreja Católica 111

XVIII. A morte de Madre Teresa 115

XIX. Colhendo o que plantou 119

XX. A Beatificação e a Canonização de Madre Teresa 123

"Por vezes tenho medo, porque nada tenho, nem inteligência nem conhecimento e nem as qualidades que tal trabalho exige; mas, ainda assim, eu digo a Ele[1] que o meu coração está livre e por isso pertence por completo a Ele e só a Ele. Ele pode me usar como melhor Lhe agradar. Apenas agradá-Lo é a alegria que procuro."

"Há muitas freiras para cuidar dos ricos e das pessoas abastadas, mas para os Meus muito pobres não há absolutamente ninguém. Eu anseio por eles. Eu os amo."

"Se eu, algum dia, vier a ser santa, serei certamente uma santa da escuridão. Estarei continuamente ausente do céu para acender a luz daqueles que se encontram na escuridão na Terra."

Madre Teresa de Calcutá

---

[1] Pertence ao estilo de escrita de Madre Teresa colocar em maiúscula todas as palavras que se refiram a Deus ou a Jesus Cristo.

Palavras introdutórias

Jesus e as dores do mundo

Decidimos iniciar o livro sobre Madre Teresa com este capítulo sobre Jesus e o sofrimento para que o leitor possa entender a atitude de Madre Teresa ao longo de seus 87 anos de vida.

Madre Teresa tinha como exemplo de conduta Jesus, ela escolhe um ângulo ou um aspecto da personalidade do Mestre para trabalhar, esta característica seria a compaixão pelos que sofrem. Madre Teresa não está interessada em fazer "milagres", mas em cuidar dos pobres, nos quais ela via a imagem do próprio Jesus. Sendo assim, decidimos fazer algumas considerações sobre as relações de Jesus com as dores do mundo para que o leitor conheça, mais e melhor, o trabalho de Madre Teresa.

Em um mundo de provas e expiações, como é o caso da Terra, o sofrimento é a coisa mais democrática que existe, ou seja, todos os espíritos encarnados nesse planeta, sem exceção, possuem a sua parcela, maior ou menor, de sofrimento, nesse caso, a dor age como um elemento corretor de nossos desvios. Assim, o sofrimento exerce uma função pedagógica que, se bem aproveitada, ajuda, e não pouco, em nossa evolução espiritual.

Há na Terra uma grande variedade de formas de sofrimento, cada uma causada por elementos diversos. A primeira forma de

José Carlos Leal

sofrimento deriva das causas naturais, como terremotos, *tsunamis*, vulcões, grandes enchentes e epidemias de grande proporção, como a peste negra e a gripe espanhola. Estes desastres naturais são responsáveis pelas chamadas expiações coletivas porque atingem uma grande de quantidade de pessoas, ou seja, de espíritos devedores, que se afastaram da lei de Deus e necessitavam de um reajuste. Estes fenômenos são controlados pela espiritualidade e seguem determinadas leis relativas à evolução dos espíritos ou do próprio planeta.

A segunda causa tem origem na sociedade em que o espírito se encontra reencarnado, que não escapa da supervisão da Espiritualidade e também está subordinada à lei de causa e efeito. Nesse tipo de sofrimento estão: as guerras, as revoluções, a mortandade de índios pela ganância do conquistador, o terrorismo, a escravidão, a fome, provocadas nos países subdesenvolvidos, dos quais tiram vantagens os países ricos. A esse tipo de sofrimento podemos chamar de violência política, uma vez que resulta de políticas perversas, nas quais predominam o interesse econômico e não o amor ao próximo.

A terceira espécie de sofrimento deriva de reajustes que determinados espíritos devem realizar por terem violado a lei de Deus em vidas passadas. Nesse caso, o sofrimento é individual, atinge apenas um determinado espírito, exatamente aquele que necessita reequilibrar-se moralmente. Os casos mais comuns nesse contexto são: cegueiras congênitas ou adquiridas; nascimentos de crianças surdas-mudas; paralisias totais ou parciais; hidrocefalia; idiotia (QI muito baixo); doenças graves como hanseníase, a AIDS, entre muitas outras formas de reajuste.

O que dissemos até aqui sobre o sofrimento acompanha o homem ao longo de toda a história da humanidade, portanto,

Jesus de Nazaré e Madre Teresa de Calcutá

no tempo de Jesus, ele já existia e em grande proporções. Vamos examinar este trabalho caritativo (amoroso) de Jesus ao longo dos evangelhos.

Contam os evangelistas (*Mateus,* 8:1-4; *Marcos,* 1:40-45 e *Lucas,* 5:12-14) que Jesus, ao descer do monte onde proferira o seu sermão magno, em meio à multidão que o seguia, viu destacar-se um leproso que se ajoelhou à distância indicada pela lei judaica e falou: "Senhor, se quiseres podes tornar-me limpo." Jesus simplesmente responde: "Quero, sê limpo." A fala do homem doente pressupõe uma outra oração oculta: "sei que... se quiseres..." Esta expressão é uma prova da fé robusta que o homem sentia na intervenção de Jesus e é também uma das causas da compaixão que Jesus sentiu por ele.

O interessante é que Jesus podia se condoer de coisas bem pequenas para um espírito do seu nível. Certo dia, Ele chegou à casa de Pedro e encontrou a sogra do amigo com muitas febre e a tocou, ela se levantou e foi servir à mesa. Era apenas uma febre que poderia passar com um pouco de repouso ou com um medicamento caseiro, mas Jesus deu tal importância àquele simples fato que decidiu, Ele mesmo, curá-la.

No Evangelho de Marcos (1:34) se diz que muitas pessoas doentes do corpo e da alma vinham em busca de Jesus e Jesus as curava. O Nazareno, embora conhecesse a necessidade do sofrimento para se fazer o resgate dos erros, apiedava-se dos sofredores e lhe aliviava as dores, mas sempre sem ferir a lei de causa e efeito. De outra feita, quando ia à casa de Jairo, um dos príncipes da Sinagoga, para ver o caso da filha dele, que havia sido dada como morta, uma mulher, que possuía um fluxo de sangue havia doze anos, ao vê-lo em meio à multidão, e sem poder falar--lhe, apenas o toca e fica boa. Há uma confusão nesse momento entre os apóstolos, porque Jesus garantia que alguém o havia

José Carlos Leal

tocado. Então, a mulher encerra o caso dizendo que havia sido ela que o tocara. Ele apenas lhe diz: "Filha, a tua fé te salvou, vai em paz e fica livre deste mal."

De todas as parábolas de Jesus, a mais interessante no que diz respeito ao dever da caridade para com o próximo é sem dúvidas a parábola do bom samaritano. Embora todos a conheçam muito bem da narrativa de Lucas (10:25-37) vamos recontá-la aqui: "Certo dia em que Jesus estava pregando, um doutor da Lei, estando presente, para experimentá-lo, fez-lhe a seguinte pergunta: 'Mestre, que farei para herdar a vida eterna?' Jesus respondeu esta pergunta com outra pergunta: 'O que é que está escrito na lei de Moisés sobre esta questão? Como lês tu?' O homem apressou-se em responder-lhe: 'Amarás ao Senhor teu Deus de todo o teu coração, de toda a tua alma, de todas as tuas forças e de todo o teu entendimento e ao teu próximo como a ti mesmo.' Disse Jesus: 'Respondeste bem. Faze isto e viverá.'"

O doutor da lei, não desejando encerrar ali o assunto, perguntou a Jesus: "Quem é o meu próximo?" Jesus, então, decide responder a pergunta que lhe fora feita por meio de uma parábola: "Um homem descia de Jerusalém na direção de Jericó e sendo assaltado por bandidos foi despojado de todos os seus bens, espancado e deixado à beira do caminho, meio morto. Casualmente, descia pelo mesmo caminho um sacerdote, que vendo-o, passou ao largo. Logo depois passou um levita que viu também o homem e nada fez. Aconteceu, porém, que passou por ali um samaritano, que vendo o homem caído encheu-se de compaixão, aproximou-se dele, atou-lhe as feridas deitando nelas azeite e vinho; depois, colocou-o sobre a sua montaria e levou-o para uma estalagem. No dia seguinte, tirou de sua bolsa dois denários,[2] deu-o ao hospedeiro e lhe disse: 'Cuida dele e tudo o

---

[2] Dois denários correspondiam à diária de um trabalhador.

Jesus de Nazaré e Madre Teresa de Calcutá

que gastares a mais eu te pagarei quando voltar.'" Por fim, Jesus pergunta ao doutor da lei qual dos personagens da história teria sido o próximo do homem caído na estrada. O doutor da lei não teve outro jeito e respondeu: "Foi aquele que usou de misericórdia para com ele." "Então vai e faze o mesmo", disse Jesus.

Esta parábola deixa bastante claro que o meu próximo é aquele que precisa de mim, aquele que sofre e se torna objeto de minha compaixão. Era desse modo que Madre Teresa agia. Ela, ao ver uma pessoa caída nas ruelas de Calcutá: uma mulher vítima da ferocidade de um marido ou da violência de um estuprador, uma criança com fome ou muito doente, fazia exatamente o que fez o bom samaritano. Acolhia o sofredor, buscava curar a suas feridas, matar a sua fome.

Outro caso muito interessante é o da viúva de Naim. Segundo Lucas (7:11-17): "Jesus, certo dia, chegou a uma cidade chamada Naim e com Ele estavam os seus apóstolos e um grande número de pessoas. Quando Ele chegou à porta da cidade, viu saindo dela um cortejo fúnebre que levava um jovem, e sua mãe e os amigos levavam o corpo para ser enterrado fora dos muros da cidade. Diz o evangelista que logo que Jesus viu o enterro encheu-se de compaixão pelo morto e, por certo, também verificou que o menino não estava morto, ou seja, os laços fluídicos que unem o perispírito ao corpo de carne ainda não haviam se rompido inteiramente. Jesus faz parar o cortejo e tocando esquife, diz ao morto: 'Levanta-te!' E que o estava morto sentou-se e pôs-se a falar. Então Jesus entregou-o a sua mãe."

O texto nos diz que Jesus se condoeu do rapaz que seria enterrado vivo, mas também se condoeu de sua mãe e dos amigos que choravam a morte dele. Eis um dos principais aspectos da personalidade de Jesus: condoer-se, ou seja, sofrer com a dor do

José Carlos Leal

outro e se perguntar o que eu posso fazer para pôr fim a este sofrimento. Esta também era uma característica de Madre Teresa, condoer-se, sentir a dor do outro como se fosse a sua própria dor.

Outro episódio em que Jesus demonstra a sua profunda simpatia pelos que sofrem é o da mulher adúltera (*João*, 8:1-11): "Jesus desceu do Getsêmani (Monte das Oliveiras) e se dirigiu ao Templo acompanhado de muitas pessoas. Então, como era comum aos rabis (Mestres), Ele sentou-se e começou a ensinar. Estava Ele ensinando quando vieram alguns fariseus arrastando uma mulher pelos cabelos e atirando a infeliz aos pés de Jesus disseram-lhe: 'Mestre, esta mulher foi apanhada em flagrante adultério e a lei de Moisés nos ordena, nesses casos, que ela seja morta por apedrejamento, e tu, o que nos tem a dizer neste caso?'" A situação em que Jesus foi colocado era um dilema clássico, pois se Ele dissesse: "Tudo bem, podem apedrejá-la até a morte", estaria de acordo com a lei de Moisés, mas em contradição com o amor ao próximo que Ele pregava. Por outro lado, se Ele dissesse: "Vocês não devem apedrejá-la", estaria coerente consigo mesmo, mas contra a lei de Moisés e portanto réu de juízo. Jesus, porém, tinha que dizer alguma coisa, entretanto, não o disse e continuou a escrever no chão. Como os fariseus insistissem na pergunta, Ele se levantou e falou: "Aquele dentre vós que está sem pecado seja o primeiro a lhe atirar uma pedra." Depois de ter dito isto, voltou a escrever no chão. As pessoas que estavam ali, porém, ouvindo o que Jesus dissera, atiraram fora as suas pedras e foram-se embora. Então ficou apenas Jesus e a mulher e o Nazareno perguntou a ela: "Mulher, onde estão os que te acusavam? Ninguém te condenou?" "Ninguém, Senhor", respondeu a adúltera. "Então vai embora e não peques mais. Nem eu te condeno", falou Jesus.

Jesus de Nazaré e Madre Teresa de Calcutá

Esta é uma bela lição de tolerância e de compreensão das fragilidades do outro. Aquela mulher, magoada e sofrida, humilhada e ofendida por uma sociedade patriarcal, havia cometido uma falta segundo a lei dos homens, mas, segundo a lei de Deus, ela merecia uma nova oportunidade por meio do perdão de Jesus.

É por tudo que foi dito até aqui que se pode escrever um livro como este, com o qual não se pretende comparar essas duas personalidades, mas mostrar que é possível àqueles que amam, ter como exemplo Jesus, como o fez Madre Teresa de Calcutá, Francisco de Assis e Francisco Cândido Xavier. Espíritos de fibra que viram em Jesus um modelo a ser seguido e sem perderem a humildade buscaram seguir Jesus do melhor modo que lhes foi possível, que a sua evolução espiritual lhes permitiu.

I
Das origens

No dia 26 de agosto de 1910, encarnou um dos espíritos mais interessantes do século XX em termos de verdadeiro sentimento religioso e amor cristão. Nasceu na cidade de Skopje, hoje capital da República da Macedônia, e na pia batismal recebeu o nome Agnes Gonxha Bajaxhiu. Alguns escritores que se ocuparam da vida de Madre Teresa afirmam que o nome Gonxha, que significa "flor em botão", era um apelido recebido na infância. De um modo ou de outro esse pseudônimo acabou por ficar incorporado ao seu nome.

Seu pai se chamava Nicola, era comerciante. Sua mãe era Dranafile Bajaxhiu, seu nome em família fora encurtado para Drana. Agnes era a irmã caçula e os irmãos mais velhos se chamavam Lazar e Aga. O interessante é que Nicola e Drana se consideravam albaneses, posto que a sua origem fosse de uma região que pertencia à Sérvia. Por este motivo, em nosso dias,

José Carlos Leal

a Albânia e a Macedônia, onde se encontra a cidade de Skopje, disputam a honra de ser a pátria de Madre Teresa.

Skopje, a cidade onde nasceu Madre Teresa, era uma grande e bela cidade do país, muito antiga, já conhecida no Império romano, no século IV depois de Cristo, com o nome de Usküb. Em 1189, foi conquistada pela Sérvia e em 1392, os turcos otomanos que se haviam convertido ao Islamismo tomaram a cidade aos sérvios e a incorporaram ao seu império. Em 1913, a cidade voltou ao domínio dos sérvios. Durante a Segunda Guerra Mundial a cidade cresceu bastante, entretanto, este crescimento foi interrompido por um grande terremoto em 1963. Skopje hoje é uma cidade turística, que se mantém graças à indústria química, têxtil e madeireira.

Toda transição política de uma região em que o domínio de um povo e de uma cultura passa para outro povo e outra cultura é não raro muito delicada e difícil. A transição do domínio turco para o domínio sérvio não foi uma exceção. Os habitantes de origem albanesa reclamavam das atrocidades cometidas pelos novos dominadores e dirigindo-se à Liga das Nações pediram a sua integração à Albânia. Nicola Bajaxhiu, o pai de Agnes, pertencia ao grupo político que desejava a independência da Albânia. Em 1918, houve em Belgrado uma reunião para discutir a liberdade dos albaneses. De volta para casa, Nicola contraiu uma doença cujo sintoma eram dores no estômago e uma forte hemorragia. Foi feita uma cirurgia de emergência, à qual ele não resistiu. Lazar jamais duvidou de que seu pai havia sido assassinado por envenenamento por seus inimigos políticos.

Para piorar ainda mais a situação da família Bajaxhiu, os sócios de Nicola se apossaram de todos os seus bens, deixando para a viúva e os filhos apenas a casa onde moravam. Agnes, então

Jesus de Nazaré e Madre Teresa de Calcutá

com oito anos e que vivera acostumada uma vida de conforto e fartura, se vira em uma situação muito próxima da pobreza extrema. Drana que era uma mulher de ação não perdeu tempo e passou a prover a família, costurando, bordando e vendendo roupa. Este exemplo de sua mãe deve ter instilado em Agnes a admiração pelos beneditinos, cujo lema era *Laborare est Orare* (Trabalhar é orar).

Desde de sua infância, Teresa teve sinais de contatos com a espiritualidade e uma espécie de vocação que a impelia para a vida religiosa. Assim, quando confessou à sua mãe o desejo de ir para a Irlanda a fim de fazer seus votos com as irmãs de Nossa Senhora do Loreto ou Instituto Beatíssima Virgem Maria, sua mãe não lhe opôs a menor resistência.

Madre Teresa viveu pouco tempo na Irlanda, pois foi logo enviada à Índia a serviço da Congregação das irmãs do Loreto. Na Índia foi exercer a função de professora no Primeiro Lar infantil, que na língua local se chamava Sishi-Bavan, que se traduz por "Casa da Esperança". Em 1952, insistindo em sua vocação, estar junto dos que sofrem, ela se aproximou do Lar dos moribundos em Kalighat. Vale a pena contar um pouco da história desta instituição.

Certo dia, Madre Teresa, caminhando pelas ruas de Calcutá, viu um homem muito velho e doente abandonado à própria sorte. Lembrando-se por certo da parábola do bom samaritano pensou logo em como ajudá-lo e jurou para si mesma que no dia seguinte voltaria àquele lugar para socorrer o desvalido, entretanto, quando voltou no dia seguinte, soube que o homem havia morrido. Esta morte a impressionou muito e ela decidiu que não deixaria mais de tentar impedir mortes como aquelas, mortes solitárias e sujas, mortes sem dignidade. Assim ela decidiu que criaria um espaço

José Carlos Leal

para recolher pessoas que estivessem moribundas para que não morressem ao relento.

Assim que lhe foi possível, ela encontrou um templo dedicado à deusa Kali, a deusa hindu do tempo e das mudanças, que se encontrava abandonado e pediu ao dono do local que permitisse a ela transformar o lugar num hospital para abrigar os indigentes. O homem permitiu e ela passou a recolher os miseráveis entregues à própria sorte, à indiferença das ruas. Assim nasceu Kalighat ou "A Casa do Coração Puro". Com isso, as pessoas abandonadas foram para Kalighat e ali tiveram um tratamento médico mínimo, ministrado pelas irmãs de caridade e, assim, morriam com dignidade.

Sua atividade começa a ser notada e os religiosos da Índia viam com hostilidade o trabalho dela. Muitos a acusavam, dentre eles, os mais exaltados eram os devotos da deusa Kali, de se valer da caridade para seduzir indianos e convertê-los è fé católica. Com o tempo, à medida que descobriram que estavam errados e reconheceram o trabalho de amor daquela freirinha de 1,5m de altura, cessaram de hostilizá-la e ela passou a receber o auxílio de hinduístas, budistas e muçulmanos.

O desejo de servir ao Cristo cresce em Madre Teresa e ela se dedica a cuidar das crianças abandonadas, tuberculosos, mulheres estupradas e leprosos. Ela via aquelas pessoas humilhadas e ofendidas, maltratadas pela vida, desvalidas, sem sonhos ou esperanças, e se preocupava com elas. Esta opção de Madre Teresa pelos pobres e infelizes lembra de uma das passagens mais fortes do Evangelho de Mateus. Vamos a ela:

> [...] Quando pois virá o Filho do Homem na sua glória e todos os anjos com Ele, então, tomará acento no trono de sua glória; e, diante dele serão reunidas todas as nações; e Ele separará uns

Jesus de Nazaré e Madre Teresa de Calcutá

dos outros, como o pastor separa ovelhas e bodes; e porá as ovelhas à sua direita e os bodes na sua esquerda. Então dirá o Rei aos que estiverem na sua direita: "Vinde, benditos de meu pai, possuí por herança o Reino que vos está preparado desde a fundação dos mundo; porque tive fome e me destes de comer; tive sede e me destes de beber; era forasteiro e me acolhestes; estava nu e me vestistes; estava preso e me fostes ver.

Então, os justos lhe perguntarão: "Senhor, quando te vimos com fome e te demos de comer ou com sede e te demos de beber? Quando te vimos forasteiro e te acolhemos ou nu e te vestimos? Quando te vimos enfermo ou na prisão e te fomos visitar?" Respondeu-lhes o Senhor: "Em verdade, em verdade vos digo que sempre que fizerdes a um de vossos irmãos, mesmo aos mais pequenos, é a mim que estareis fazendo." (*Mateus*, 25:31-41.)

É por este motivo que Madre Teresa não tinha nojo dos chagados ou dos leprosos, que abraçava com carinho crianças sujas, magras e doentes, pois ela via em cada uma delas a imagem de Jesus. Para ela, Jesus não estava apenas no céu, mas estava em cada criatura que sofre, em cada miserável que lhe fazia um pedido, em cada mão desesperada que se levantava para lhe pedir socorro.

II
Considerações gerais sobre a Índia

Julgamos necessário que se faça um ligeiro estudo a respeito da Índia em razão da profunda identificação entre Madre Teresa e aquela parte do mundo, a ponto de se haver incorporado a seu nome, como uma espécie de sobrenome, a expressão "de Calcutá", que é uma cidade da Índia.

www.turismonaweb.com.br

Do ponto de vista geográfico a Índia é um país peninsular ao sul da Ásia, banhado a Leste pela Baía de Bengala, ao Sul pelo oceano Índico e a Oeste pelo Mar da Arábia. Em 1947, ocorreu a Independência da Índia, com a divisão em dois países: a União Indiana (com maioria hindu) e o Paquistão (de maioria muçulmana). Essa divisão foi acompanhada de massacres (de 300.000 a 500.000 vítimas) e do deslocamento de 10 a 15 milhões de pessoas. Já em 1947 ocorreu o primeiro conflito pela posse da Caxemira (região ao Norte do subcontinente indiano), conflito sangrento que dura até os dias atuais.

Atualmente, a Índia é dividida em 28 Estados e 7 territórios federais.

A história da Índia remonta a tempos muito antigos. No II milênio a.C. ocorre a chegada dos arianos à Ásia central e a

José Carlos Leal

colonização da Índia setentrional, que adotou a língua (sânscrito), a religião (védica, a base do hinduísmo) e a concepção de hierarquia social (sistema de castas; *Varna*, a designação sânscrita original para "casta", significa "de cor", pois os árias eram brancos e as populações locais, amorenadas).

A partir do século V a.C., a Índia foi invadida pelos persas. No século II a.C. os gregos, que também haviam invadido a região, transformaram o Punjab num reino grego, de que Menandro[3] foi um dos principais soberanos. Aproximadamente em 320 a.C. um nobre chamado Chandragupta[4] fundou, em Magadha, com a capital em Patna, um reino que será, mais tarde, dirigido por Ashoka,[5] o rei convertido ao Budismo e responsável pela expansão da doutrina de Çakyamuni por todo o reino e regiões distantes. Depois da morte de Ashoka, o reino se dividiu em uma série de estados e cidades independentes. Segue-se o desenvolvimento da

---

[3] N.E.: Menandro I foi um dos governantes do reino indo-grego, no norte da Índia e no Paquistão dos dias atuais, de 155 ou 150 a 130 a.C. Ele é o primeiro ocidental, documentado, a ter se convertido ao Budismo.

[4] N.E.: Chandragupta Máuria foi o fundador do Império Máuria — maior e mais poderoso império da Índia antiga, que durou de 322 a.C. a 185 a.C. —, que, pela primeira vez, abrangeu a maior parte do subcontinente indiano e por isto é considerado o primeiro unificador e genuíno primeiro imperador da Índia.

[5] N.E.: Foi um imperador indiano da dinastia Máuria, que reinou entre 273 e 232 a.C. Frequentemente citado como um dos maiores imperadores da Índia, Ashoka reinou sobre a maior parte do território correspondente à Índia moderna, depois de várias conquistas militares. Seu império estendia--se do atual Paquistão, Afeganistão e partes do Irã, a Oeste, até Bengala e os atuais estados indianos de Assã, a Leste, e de Mysore, ao Sul. Sua capital era em Magadha (atualmente no estado indiano de Biar). Ele se converteu ao Budismo, abandonando a tradição védica predominante, depois de testemunhar os massacres da guerra de Kalinga, que ele mesmo havia iniciado devido a seu desejo de conquista. Dedicou-se posteriormente à propagação do budismo na Ásia e estabeleceu monumentos marcando diversos lugares significativos na vida de Gautama Buda.

Jesus de Nazaré e Madre Teresa de Calcutá

cultura Gandhara. No Norte do reino desenvolveu-se, em Decã, e o império dos Andhras, também chamados Satavahana, que durou entre 150 e 300 d.C., que era dependente da autoridade de Ashoka.

Mais ou menos no ano 320 d.C. surgiu o império dos Guptas, sua capital era também a cidade de Patna. É neste período que a cultura indiana, assim como, a literatura sanscrítica,[6] atingiram o apogeu de seu desenvolvimento. Nos anos 525 a 528 d.C. começaram as invasões dos mongóis que fizeram desmoronar o império dos Guptas. O último soberano deste império foi o rei Harsha, que governou entre 606-647 e coube a ele o mérito de ter unificado todo o Norte da Índia.

Nos séculos seguintes, a Índia foi dividida mais uma vez em estados independentes. Foi nessa época que se travou uma luta religiosa entre os muçulmanos e os budistas, com a derrota desses últimos. Depois disto, o Budismo foi banido do país. No Sul da Índia, que se encontrava politicamente separado do Norte do país, havia diversas dinastias de importância considerável que se alternavam no poder. A cultura dominante no Sul era a dravídica, que era expressa em uma língua chamada Tâmil.

No século oitavo, teve início a invasão muçulmana, que se prolongou por alguns séculos e levou os seguidores de Maomé a se localizarem ao Norte da Índia. A Índia então fica dividida em Norte e Sul, ao Norte estavam os muçulmanos e ao Sul o império dravídico de Vijayanagar, que impede a infiltração do Islamismo. O domínio islâmico, por meio dos mongóis, vai perdurar na Índia até o século XVII. Foi nesta época que o imperador mongol Chah Jahan ergueu, em homenagem a sua favorita Aryumand Banu Begam (a quem chamava de Mumtaz Mahal, "a joia do palácio"), entre 1630

---

[6] Literatura em sânscrito, antiga língua falada na Índia.

José Carlos Leal

e 1641, o mausoléu chamado Taj Mahal, uma das sete maravilhas do mundo moderno.

Depois da descoberta do caminho marítimo para as Índias realizada pelo navegador português Vasco da Gama, em 1498, tem início o domínio europeu das terras indianas. Nessa luta imperialista, destacou-se a Inglaterra, que fundou em 1600 a Companhia das Índias Orientais, que, em 1612, estabeleceu a primeira feitoria em Surat e foi se expandindo, entrando em luta com o elemento local, com os franceses, holandeses e portugueses. Em 1687, a cidade de Bombaim (ou Mumbai) foi tomada aos portugueses pelos ingleses e se tornou sede do governo britânico na Índia. Em 1760, sob o comando de Lord Clive,[7] os ingleses venceram sobre as tropas francesas e muçulmanos, e em 1858, por fim, os ingleses tornam a Índia parte do Império britânico.

Este domínio inglês continuou até 1947, quando os indianos liderados por Mahatma Gandhi[8] conseguiram a liberdade da

---

[7] N.E.: Robert Clive (1725-1774), também conhecido como Clive da Índia, foi um oficial britânico que estabeleceu a supremacia política e militar da Companhia das Índias Orientais em Bengala. Ele é responsável por garantir a Índia e a riqueza que se seguiu, para a coroa britânica. Na luta pelos postos comerciais, derrotou os Franceses e os seus aliados indianos em Arcot (1751), Calcutá (1757) e Plassey (1757), sempre em inferioridade numérica. Foi governador de Bengala de 1757 a 1760 e novamente de 1764 a 1767.

[8] N.E.: Mohandas Karamchand (1869-1948), líder político e espiritual indiano. Advogado, viveu na África do Sul (1893-1914), onde defendeu os indianos contra a discriminação racial e elaborou sua doutrina da ação não-violenta. De volta à Índia, envolveu-se na luta contra os ingleses, que o aprisionaram várias vezes. Líder do movimento nacionalista a partir de 1920, transferiu a direção para Jawaharlal Nehru em 1928. Consagrou-se, então, à educação do povo e aos problemas dos párias [intocáveis]. Apoiou as ações de massa (desobediência civil de 1930, campanha "Saiam da Índia" de 1942 etc.) e tentou aplacar violências entre hindus e muçulmanos (1946-1947). Foi assassinado por um extremista hindu.

Jesus de Nazaré e Madre Teresa de Calcutá

Índia. No dia 15 de agosto de 1947, sob a liderança de Jawaharlal Nehru,[9] foi proclamada a República independente da Índia, ainda integrada, porém, à Comunidade Britânica das Nações.

As castas indianas

"Quando desmembraram *Puruṣha*,[10] em quantas partes o dividiram? Em que a sua boca se transformou? E os seus braços, o que se tornaram? Como são chamadas agora as suas coxas? e os seus pés? A sua boca tornou-se o *brāhmaṇa*, os seus braços se transformaram no *kṣatrya*, as suas coxas em *vaiśya* e dos pés nasceu o *śūdra*." (*Rigveda*, X,90-11,12.)

Na sociedade liberal, vivemos em uma cultura onde muitos acreditam que qualquer um pode ascender em termos sociais e econômicos por meio das riquezas acumuladas. Contudo, na Índia, trabalho e riqueza são parâmetros insuficientes para que possamos compreender a ordenação que configura a posição ocupada por cada indivíduo. Nesse país, o chamado regime de castas se utiliza de critérios de natureza religiosa e hereditária para formar seus grupos sociais (o sistema de castas é uma divisão social importante na sociedade hindu, não apenas na Índia, mas no Nepal e outros

---

[9] N.E.: Político indiano (1889-1964). Discípulo de Gandhi, presidente do Congresso Nacional Indiano (1929), foi um dos artífices da independência da Índia. Primeiro-ministro (1947-1964), desenvolveu e modernizou a indústria; no exterior, foi um dos promotores do neutralismo, com papel de destaque em conferências internacionais, como Bandung (1955).

[10] N.E.: *Purusha* ou *Purusa*, nome sânscrito do homem primordial no vedismo. Primeiro sacrificador, é também o primeiro sacrificado, e as diversas partes de seu corpo tornaram-se os elementos da criação. O mito de origem de *purusha* dá origem à ordem social no plano da Terra e ordem cósmica no plano universal.

José Carlos Leal

países e populações de religião hindu; a casta passa de pai para filho e o indivíduo só pode se casar com outro da mesma casta).

Segundo algumas pesquisas, o regime de castas vigora há mais de 2600 anos na Índia e tem origem no processo de ocupação dessa região. A primeira distinção desse sistema aconteceu por volta de 600 a.C., quando os arianos foram diferenciados dos habitantes mais antigos e de pele mais escura pelo termo *varna*, que significa "de cor". A partir de tal diferenciação, os varna foram socialmente ordenados de acordo com cada uma das partes do corpo de Brahma, o Deus Supremo da religião hindu.

No topo dessa hierarquia, representando a boca de Brahma, estão os brahmin. Em termos numéricos representam apenas 15% da população indiana e exercem as funções de sacerdotes, professores e filósofos. Segundo consta, somente uma pessoa da classe brahmin tem autoridade para organizar os cultos religiosos e repassar os ensinamentos sagrados para o restante da população.

Logo abaixo, vêm os kshatriya (xátrias, guerreiros) que, segundo a tradição, seriam originários dos braços de Brahma. Estes exercem as funções de natureza política e militar e estão diretamente subordinados pelas diretrizes repassadas pelos brâmanes. Apesar desse fato, em diversos momentos da história indiana, os kshatriya organizaram levantes e motins contra as ordenações vindas de seus superiores.

Compondo a base do sistema de castas indiano, ainda temos os vaishas e shudras. Os primeiros (vaixás, comerciantes) representam as coxas do Deus Supremo e têm como função primordial realizar as atividades comerciais e a agricultura. Já os shudras (sudras, servos) estabelecem uma ampla classe composta por camponeses, operários e artesãos que simbolizam os pés de Brahma. Há pouco

Jesus de Nazaré e Madre Teresa de Calcutá

tempo, nenhum membro desta casta tinha permissão para conhecer os ensinamentos hindus.

Paralelamente, existem outras duas classes que organizam a população indiana para fora da ordem estabelecida pelas castas. Os dalit, também conhecidos como párias, intocáveis, são todos aqueles que violaram o sistema de castas por meio da infração de alguma regra social. Em consequência, realizam trabalhos considerados desprezíveis, como a limpeza de esgotos, o recolhimento do lixo e o manejo com os mortos. Uma vez rebaixada como dalit, a pessoa coloca todos seus descendentes nesta mesma posição.

Os jatis são aqueles que não se enquadram em nenhuma das regras mais gerais estabelecidas pelo sistema de castas. Apesar de não integrarem nenhuma casta específica, têm a preocupação de obterem reconhecimento das castas superiores adotando alguns hábitos cultivados pelos brâmanes, por exemplo. Geralmente, um jati exerce uma profissão liberal herdada de seus progenitores e não ressignificada pela tradição hindu.

Oficialmente, desde quando a Índia adotou uma constituição, em 1950, o sistema de castas foi abolido em todo o território. Contudo, as tradições e a forte religiosidade ainda resistem às ações governamentais e transformações econômicas que atingem a realidade presente dos indianos (principalmente na zona rural). Enquanto isso, o regime tradicional já contabiliza mais de três mil classes e subclasses que organizam esse complexo sistema de segmentação da sociedade indiana.

(Adaptado de Brasil Escola: *http://www.brasilescola.com/sociologia/as-castas -indianas.htm*)

III

A vocação de Madre Teresa

A palavra portuguesa vocação deriva do latim *vocatĭo, ōnis,* que significa "chamar, apelar, convocar". No uso cotidiano de nosso idioma, a palavra vocação possui dois sentidos. No primeiro momento, significa a preferência ou atração que uma pessoa tem por uma determinada atividade artística profissional. Em um segundo momento, a palavra se refere a uma espécie de chamado para a vida religiosa ou espiritual, ou seja, um apelo do céu para que uma pessoa faça a vontade de Deus. O caso de Madre Teresa é, naturalmente, deste segundo tipo.

Do ponto de vista espírita, os espíritos vocacionados para realizar, na Terra, tarefas significativas são chamados de espíritos missionários. Vamos buscar entender o significado da expressão espírito missionário. Chama-se missionário o espírito, normalmente de uma certa evolução, que foi chamado por autoridades espirituais maiores para realizar na Terra algum tipo de tarefa significativa para o país onde reencarna ou mesmo para o mundo. Estão, nesses casos, os reveladores de religião,

José Carlos Leal

determinados líderes políticos de grandes potências, descobridores, inventores e assim por diante.

Os espíritos missionários aceitam voluntariamente o trabalho que vão realizar, além disto, na Espiritualidade, antes de encarnar, se preparam para a sua missão e a planejam cuidadosamente com o auxílio de seus maiores. Apesar de todos esses cuidados, alguns espíritos missionários podem, ao chegar a Terra, colocar a sua missão em risco ou mesmo esquecê-la. Um dos exemplos mais esclarecedores de um espírito missionário que quase perdeu a oportunidade de realizar a sua missão é o do Apóstolo Saulo de Tarso, cuja missão seria levar o Evangelho do Cristo para o mundo gentio ou não judeu. É por este motivo que ele foi chamado de o apóstolo dos gentios.

Para exercer a sua tarefa, Saulo de Tarso encarnou na Cilícia, em uma cidade chamada Tarso que, à época, era uma província romana e um centro de Helenismo.[11] Saulo nasceu em uma família judaica, pertencente à classe dos fariseus. Como era o costume das famílias judaicas abastadas, Saulo teve uma educação com base na Torá ou lei de Moisés ao lado de uma educação helenística que fez dele um escritor em língua grega de excelente nível e, muito provavelmente, também conhecesse o latim e nele se expressasse, falando ou escrevendo.

Essa educação fez dele um rabino (mestre em Israel) orgulhoso do próprio conhecimento e intolerante com relação a tudo o que não fosse genuinamente judaico e, principalmente, farisaico. Um de seus mestres foi o famoso rabino Gamaliel, um velho doutor da Lei, mas que, ao contrário de seus pares, era tolerante e respeitoso para com todos aqueles que pensavam diferente dele. No livro

---

[11] Chama-se Helenismo a difusão da cultura grega ou helênica pelo Mundo Antigo.

de Emmanuel, *Paulo e Estêvão*,[12] ele é retratado como um homem muito bom, amigo de Pedro e simpatizante da causa do Evangelho.

À época em que Saulo se assentava aos pés de Gamaliel, na qualidade de discípulo, Jesus pregava por toda a Palestina o seu evangelho de luz e amor. Depois que Jesus terminou a sua missão e foi crucificado no Gólgota, Saulo, tendo completado a sua educação, tornou-se um jovem e promissor rabino no Templo de Jerusalém. Nele, o clero judaico depositava todas as suas esperanças.

Depois que Jesus partiu para o Mundo Espiritual e voltou três dias depois, permanecendo com os apóstolos cerca de quarenta dias, os seguidores do Cristo reunidos na Casa do Caminho tomaram um novo alento e prosseguiram com a obra de seu Mestre, segundo as orientações do próprio Jesus. Esquecido de sua missão, Saulo passa a ver aqueles homens simples e humildes, que se reuniam para falar de Jesus e ajudar os pobres e desvalidos, como inimigos da lei de Moisés e, sendo assim, deveriam ser combatidos com toda a severidade e mesmo eliminados. Inteiramente cego pelo orgulho e pela ignorância, Saulo devota verdadeiro ódio a Estêvão, ódio esse que levará à morte Estêvão (ocorrida por volta de 37 d.C.), primeiro mártir do Cristianismo. Depois deste acontecimento, o jovem rabino se torna um perseguidor implacável dos homens do Caminho: invade-lhes as casas, arrasta-os à prisão, tudo por acreditar que estava servindo à lei de Moisés.

Certo dia, no auge de sua cegueira, sabendo que havia células cristãs na cidade de Damasco, consegue uma carta branca do Templo para que pudesse ir àquela cidade prender os suspeitos de heresia e trazê-los acorrentados a Jerusalém para serem julgados, condenados e executados. O Templo concede-lhe o documento

---

[12] XAVIER, Francisco Cândido. *Paulo e Estêvão*. Rio de Janeiro: FEB.

José Carlos Leal

e Saulo parte para cumprir o que acreditava ser o seu dever. Na entrada da cidade de Damasco, um fato insólito aconteceu com o mensageiro do Templo: "Um forte clarão o ilumina e ele cai de sua montaria. Tenta se levantar e verifica que está cego. Então, do meio da claridade, ouve uma voz que lhe perguntava: 'Saulo, Saulo, por que me persegues?' Naquele mesmo momento a sua memória espiritual se abre, ele se lembra da missão e diz: 'Quem és tu, Senhor?' E ouve como resposta: 'Eu sou Jesus, a quem tu persegues.'"

Sob o impacto desta experiência poderosamente esclarecedora, Saulo se levanta do chão e, como Jesus lhe dissera, entra na cidade e vai à casa de um certo Ananias, um servo do Cristo que ali vivia liderando um grupo de apóstolos. Ananias cura a cegueira de Saulo e, a partir desse momento, o antigo perseguidor se torna um soldado do Cristo, um guerreiro da luz e o futuro apóstolo dos gentios. Reunirá todas as energias de seu caráter, não mais para perseguir o Cristo, mas para servi-lo incondicionalmente.

Como se vê, Saulo era tão importante para a igreja nascente que é o próprio Jesus Cristo que vem tirá-lo de sua dormência espiritual para lembrar a ele a sua missão. Outros espíritos missionários também olvidaram a sua missão e tiveram que ser despertos, como foi o caso de Santo Agostinho e Francisco de Assis.

Com Madre Teresa as coisas foram bem diferentes. Ela foi chamada por Jesus não por que estivesse desviada, mas apenas para deflagrar a sua tarefa missionária. Lendo-se a sua biografia e as suas cartas, podemos concluir facilmente que ela jamais se esqueceu do que viera fazer na Terra. Assim, o seu chamado foi apenas um chamado suave, quase sussurrado, e não um choque violento como foi o caso de Saulo. Sobre este chamado vamos ouvir a própria Madre Teresa:

Jesus de Nazaré e Madre Teresa de Calcutá

"Naquele tempo, em 1922, eu estava apenas com doze anos. Foi então que percebi pela primeira vez possuía vocação para os pobres, que queria ser missionária, queria sair e dar a vida de Cristo às pessoas que viviam nos países com missões. No início, eu não queria deixar a minha casa. Éramos uma família muito feliz, mas, aos dezoito anos, decidi deixar o meu lar para me tornar freira e, desde então, ao longo desses quarenta anos, jamais duvidei, nem por um segundo, de que havia feito a coisa certa. Era a vontade de Deus[13] a escolha era Dele."[14]

Examinemos esta passagem com mais cuidado. O primeiro fato que nos chama a atenção é a idade dela, 12 anos, a mesma idade em que, segundo o Evangelho de Lucas, Jesus também revela a natureza de sua missão (*Lucas,* 2:41-52). Diferente de Saulo de Tarso e igual a Jesus, ela, desde menina, tem plena consciência do que viera fazer na Terra. Em terceiro lugar há uma expressão muito interessante: dar a vida de Cristo aos pobres. O que significa isto? Por certo não se trata de evangelizar os pobres apenas. De nosso ponto de vista esta frase significa: dar aos pobres o verdadeiro amor de Jesus. Estar entre eles como Jesus estaria caso estivesse na Índia materialmente. Atendendo rogos dos sofredores, consolando-lhes as dores, dando-lhes esperanças de dias melhores.

Por fim, no ato de Madre Teresa há renúncia da vida material. Sua família estava bem estabelecida e ela era feliz, podendo viver uma forma de vida sem maiores angústias e preocupações. Portanto, o seu desejo de ser freira não era uma fuga do mundo ou de uma frustração, mas um desejo sincero de servir a Jesus.

---

[13] Vamos lembrar aqui que Madre Teresa, como fervorosa católica, quando fala em Deus está se referindo a Jesus Cristo, o Deus filho segundo o dogma da Santíssima Trindade.

[14] *Malcoln Miggeridge Something Beautiful for God.* (Alguma coisa bela para Deus) New York Harper & Row, 1971, pág. 18.

José Carlos Leal

Este desejo era tão forte e verdadeiro que, depois de sua escolha, em nenhum momento se arrependeu de ter tomado aquela decisão e até o dia de sua morte ela teve a certeza de que "havia feito a coisa certa", para usar uma expressão que ela mesma usou. Para que se possa avaliar o desejo de servir que dominava Madre Teresa, basta ler a carta que ela escreveu à Madre Superiora do Convento do Loreto, pedindo a sua admissão entre as irmãs daquela ordem:

"Reverenda Madre Superiora, queira por favor atender o meu desejo sincero. Quero pertencer à Congregação para poder servir, um dia, como irmã missionária e trabalhar por Jesus, que morreu por todos nós. Terminei o ensino médio. Em termos de línguas domino o albanês, que é minha língua materna e o sérvio. Sei um pouco de francês e absolutamente nada de inglês, mas espero, confiante no bom Deus, que Ele me ajude a aprender o pouco de que necessito, estou começando imediatamente nesses dias a praticá-lo. Não tenho quaisquer condições especiais. Quero apenas ir para as missões e para tudo mais me submeto completamente à disposição do bom Deus."[15]

Esta carta foi suficiente para que a Ordem de Loreto aceitasse Agnes como noviça. Já na Ordem, ela troca o nome mundano Agnes Gonxha Bajaxhiu para o nome eclesiástico, Teresa, em homenagem Santa Teresa de Lisieux,[16] que era sua santa protetora e também uma seguidora espiritual de Jesus.

Assim, Agnes deixou sua cidade na Macedônia e foi para a Irlanda, onde ficava sede da Ordem do Loreto. Depois de completar o seu noviciado, foi enviada para a Índia no dia 6 de janeiro de 1929, chegando a Calcutá neste mesmo ano. Ela escreveu sobre

---

[15] Gonxha Bajaxhiu, de Skopje, 28/6/1928.

[16] Religiosa francesa que viveu entre 1873 e 1897. É mais conhecida como Santa Teresinha de Jesus.

36

Jesus de Nazaré e Madre Teresa de Calcutá

a viagem demonstrando um forte otimismo e uma profunda alegria interior, duas características de sua personalidade que a acompanharão por toda a sua vida.

De Calcutá, ela vai com algumas companheiras para um lugar chamado Darjeeling, onde deverá completar sua formação religiosa, o que se dará no dia 25 de maio de 1931. Nesse dia, ela fez os votos e confessou que não tivera jamais maior felicidade em toda a sua vida. Poucos, muito poucos mesmo, são os cristãos que servirão Jesus com felicidade no coração e alegria na alma, mesmo nos momentos de maiores dificuldades. Raros são os cristãos que servem de boa vontade e não escolhem o serviço a ser prestado. Madre Teresa costumava dizer que possuía preferência pelas pequenas coisas, como acalentar uma criança doente de desnutrição ou remediar a dor de um mendigo chagado.

Depois de ter terminado a sua formação religiosa e de ter completado os seus votos, Teresa foi enviada de volta para Calcutá, a fim de lecionar para as moças do *St. Mary's Bengali Medium*[17] *School*. Como era de seu feitio, Teresa entregou-se à sua nova missão com grande entusiasmo, pois aquele trabalho dava a ela uma nova oportunidade de servir a Jesus e viver em união com ele. Ela reconheceu que a vida das irmãs missionárias é das mais difíceis. Diz ela:

> O calor da Índia é simplesmente abrasador. Quando ando pelas ruas tenho a sensação de que há fogo debaixo dos meus pés e de que todo o meu corpo arde. Quando as coisas se tornam mais difíceis, consolo-me com a ideia de que, dessa maneira,

---

[17] A palavra médium neste contexto não se refere ao Espiritismo, mas à língua que se falava na escola, inglês ou bengali.

as almas são salvas e de que o meu querido Jesus sofreu muito mais por elas.[18]

Este amor por Jesus revela um fato claro e insofismável, Agnes Gonxha não era um espírito comum, pois só uma alma muito elevada pode sentir por Jesus um amor assim, um amor ilimitado que se revela não em palavras, mas em ações, um amor que faz aquele que ama buscar ser igual ao amado e fundir-se com ele. Este amor faz lembrar a frase do apóstolo Paulo: "Já não sou mais eu quem vive, é Cristo que vive em mim." (*Gálatas*, 2:20.) Esta união é muito rara. Só grandes espíritos podem dizer coisas assim e não o dizem por vaidade, mas para nos mostrar que esta união com Jesus é possível, mesmo para um de nós se evoluirmos o suficiente para alcançar este estado de perfeição.

Após viver nove anos como professora do Colégio de Santa Maria, Madre Teresa se preparou para a cerimônia dos votos perpétuos. Nesta experiência como professora, ela se caracteriza pela fé, alegria, perseverança e desejo de servir a seu amado Senhor, qualidades essas aliadas a um natural didatismo e a uma bondade considerável que a fazia a professora preferida de suas alunas. Sua fé e confiança em Jesus faziam com que ela realizasse atos considerados improváveis para uma frágil freirinha de apenas 1,5m de altura, como, em plena rua, espantar um touro que ameaçava suas alunas ou enfrentar sozinha os ladrões que invadiram o colégio.

Todas as moças admiravam o modo de ser de sua professora e ficavam curiosas por saber qual a origem de toda aquela energia. Ela mesma explicou de onde vinha aquela coragem e obstinação

---

[18] KOLODIEJCHUK, Brian. *Madre Teresa, venha, seja minha luz*, pág. 31. Editora Thomas Nelson/Ediouro, 2008.

Jesus de Nazaré e Madre Teresa de Calcutá

que a faziam enfrentar as maiores dificuldades com um profundo otimismo, qual seria a fonte viva de onde extraía as águas doces e vigorosas da fé? Vejamos sobre este tema o que nos diz a própria Madre Teresa:

> [...] Não pense que a minha vida espiritual é um mar de rosas. Essa é a flor que, raramente, encontro em meu caminho. Bem pelo contrário. Tenho, mais frequentemente, como companheira a escuridão. E quando a noite se torna mais densa e parece que vou acabar no Inferno, aí, eu, simplesmente me ofereço a Jesus. Se Ele quiser que eu vá para lá, estou pronta, mas com a condição de que isso O faça verdadeiramente feliz. Preciso de muita graça, de muita força do Cristo para me preservar na confiança, nesse amor cego que me conduz somente a Jesus crucificado. Mas sou feliz. Sim, mais feliz do que nunca. E não desejaria, por preço algum, renunciar aos meus sofrimentos. Mas não pense, porém, que eu só estou sofrendo. Ah! Não. Eu rio mais do que sofro, tanto assim que muitas pessoas concluíram que eu sou a noiva mimada de Jesus, que vive com Jesus de Nazaré muito longe do Calvário. Reze muito por mim, pois preciso muito do amor Dele.[19]

Poucos de nós que nos chamamos cristãos pode entender a relação de Madre Teresa com Jesus, caracterizada por uma entrega total e definitiva, uma confiança que jamais questiona, apenas sente; sentimento capaz de transformar as mais duras penas na mais doce alegria. Há uma profunda semelhança entre o amor de Madre Teresa e o amor dos primeiros mártires nas areias sangrentas do Coliseu romano. Tão grande era a confiança daquelas pessoas nas promessas

---

[19] KOLODIEJCHUK, Brian. *Madre Teresa, venha, seja minha luz*, pág. 33. Editora Thomas Nelson/Ediouro, 2008.

José Carlos Leal

de Jesus que entravam na arena cantando salmos e hinos de louvor a Jesus e isso era incompreensível para os romanos, como para nós pode ser a vida de trabalhos de Madre Teresa nas ruas e nos bairros pobres de Calcutá.

IV

As bodas místicas com Jesus

Para se compreender a relação amorosa existente entre Madre Teresa e Jesus seria necessário compreender, ainda que minimamente, o conceito de amor. A palavra amor deriva do substantivo latino *amor, ōris,* que tem o sentido de "afeição, amizade, paixão, desejo e vontade". Assim, o termo amor em latim possui um sentido muito amplo e pouco claro. São os gregos que vão destinar ao amor mais de uma palavra, explicitando os diferentes tipos deste sentimento.

Para os gregos, designando amor temos as seguintes palavras: *Philo* que tem o sentido de "amizade, gostar de", que se aplica tanto às pessoas como às coisas. Um bibliófilo, por exemplo, é o que gosta de livros e teófilo é o que ama a Deus. Eros, amor no sentido de "desejo carnal, paixão". Desta palavra derivam outras como: erótico e erotismo. A terceira palavra é ágape, que tem o sentido de "amor espiritual".

Este último termo é interessante para o nosso trabalho por causa do agapetismo[20] e das agapetas. Escrevendo sobre o amor nos primeiros tempos da Igreja Católica, escreveu Morton M. Hunt:

---

[20] Deriva de Ágape, amor espiritual; era a prática comum na Igreja quando havia relações mais próximas entre padres e paroquianas, chamadas agapetas.

José Carlos Leal

Ainda mais estranho do que o casamento contingente[21] foi um arranjo, bem semelhante, concluído entre homens e mulheres que recebeu o nome de casamento espiritual e existiu nos primeiros tempos da Igreja. Virgens não casadas, conhecidas como *agapētae*, do grego *ágape* (amor espiritual), se tornam irmãs espirituais ou esposas espirituais do Clero, com as quais elas viviam em intimidade caseira. As duas expressões irmãs espirituais e esposas espirituais eram usadas quase que na mesma acepção. As relações entre as referidas virgens e os membros do Clero não implicavam, ostensivamente, em falta de castidade, mas elas nem sequer tinham o vínculo do casamento que pudesse sacralizar a relação. As agapetas eram numerosas e devem ter existido por toda parte desde o começo do segundo século até o final do sexto.[22]

Mais tarde, quando a Igreja aceitou mulheres em seus mosteiros e conventos na qualidade de monjas ou freiras (irmãs de caridade). Estas mulheres, contudo, não poderiam ser chamadas de esposas espirituais dos padres, como as agapetas. Como os homens, as freiras tinham que fazer voto de castidade. Assim, para lhes deslocar a sexualidade ou a libido em linguagem psicanalítica, das freiras para a pessoa divina de Jesus, elas passarão a ser chamadas de esposas de Cristo. Assim, qualquer tentativa de violação do celibato seria um pecado terrível, uma vez que o esposo traído seria o próprio Jesus Cristo.

Madre Teresa participava desta união simbólica com o Cristo, mas, ao contrário de Teresa d'Ávila,[23] ela transformou o sentimento

---

[21] Casamento sem contato sexual.

[22] HUNT, Morton. *História Natural do Amor*, pág. 89.

[23] N.E.: Santa Teresa d'Ávila (1515-1582), sua doutrina exaltava a oração como meio privilegiado para encontrar Jesus. Amava a solidão, a vida contemplativa e austera.

Jesus de Nazaré e Madre Teresa de Calcutá

de amor por Jesus em ação em favor do próximo. Ela compreendeu, não sei se consciente ou inconscientemente, a impossibilidade de amar Jesus concretamente e por isso amou Jesus como poucos o conseguiram fazer, amou o Cristo nas pessoas que sofriam nas ruas de Calcutá.

Ela, então, escuta a voz Jesus e confia a Ele diretamente a missão que Ele deseja que ela realize. O Padre Brian Kolodiejchuk, autor da biografia de que estamos nos valendo, registra um dos diálogos que ela teve com Jesus:

"Então ela estava repleta de dívidas e conflitos interiores. Ela ouve vozes subjetivas que lhe falam e uma delas é identificada por ela como a de Jesus. A voz do Cristo insiste com ela no sentido de deixar o relativo conforto da comunidade do Loreto. Há muitas freiras europeias que servem as ricos e poderosos, freiras que tiram muito mais do que dão. Os pobres, os desvalidos, os desamparados, quem vai cuidar deles? Ela precisa ir à Índia para conhecer o sofrimento verdadeiro. Um dia, quando recebia a divina comunhão, Madre Teresa ouviu claramente a voz do Senhor que lhe dizia: 'Quero freiras indianas tomadas por meu amor, que sejam Marta e Maria,[24] que sejam tão unidas a mim que irradiem o meu amor sobre as almas; quero freiras livres como a irmãs de Lázaro,[25] cobertas com a minha pobreza na cruz; quero freiras obedientes, cobertas com a minha obediência na cruz; quero freiras cheias de amor e caridade, com a caridade da cruz você vai se recusar a fazer isso por mim?'"[26]

---

[24] Personagens do evangelho de Lucas. Maria representa a contemplação e Marta, a ação (*Lucas,* 10:38-42).

[25] Nova referência a Marta e Maria, as irmãs de Lázaro.

[26] KOLODIEJCHUK, Brian. *Madre Teresa, venha, seja minha luz,* pág. 61. Editora Thomas Nelson/Ediouro, 2008.

José Carlos Leal

Há neste texto uma crítica velada ao tipo de freira que vive enclausurada em conventos ou dirigindo escolas católicas para as moças de alta sociedade, mas sem contato com as dores do mundo. Ao dizer que Ele quer o tipo de freira que prefere a ação à contemplação, que ama os pobres e sente empatia e não apenas simpatia pelos que sofrem. Servir o Cristo não é se isolar do mundo com medo do pecado, mas, como dizia o apóstolo Paulo: "viver no mundo sem ser do mundo" (*I Coríntios*, 7:31).

Paulo parece dizer que o verdadeiro Cristão é um homem do mundo: trabalha para sustentar-se e à sua família, paga seus impostos e procura encher o ócio de sua vida com atividade lúdicas; entretanto, ao fazer tudo isso, não pode se esquecer de que é cristão e de que deve fazer boas escolhas a cada momento em que deve tomar uma decisão. Assim, o mundo não é especialmente mau para o cristão, mas um lugar onde cada pessoa comprometida com o evangelho tem a possibilidade de fazer escolhas positivas. Fazer boas escolhas, este foi o caso de Madre Teresa.

Há, neste caso, um assunto que deve ser questionado: Teria sido de fato Jesus quem falava com Madre Teresa? Certas expressões do texto dizem que sim. Apesar disto, não podemos confirmar que o interlocutor de Madre Teresa (se é que houve algum) era Jesus Cristo. Podemos explicar esta comunicação por meio de um solilóquio da freira, no qual ela recria por meio da imaginação exaltada um diálogo com Jesus. Uma outra hipótese, esta a Igreja não vê com simpatia, é a mediunidade de Madre Teresa, que muitas vezes entrava em estado de êxtase, no qual ouvia vozes e tinha visões, num estado desses ela poderia entrar em contato com o mundo espiritual e falar com espíritos superiores, tomando um deles por Jesus. Por fim, não é de todo improvável que Jesus e

Jesus de Nazaré e Madre Teresa de Calcutá

Madre Teresa tivessem uma relação especial que nós desconhecemos, como a que ele tinha com Paulo de Tarso, e tal relação fosse suficientemente forte para que ele, de fato, se manifestasse para ela. De nosso ponto de vista esta questão fica em aberto.

O que fica claro neste dialogo é a missão de Madre Teresa e o que Jesus espera dela. Isso é de uma clareza meridiana em frases como: "Você se tornou minha esposa por meu amor. Você veio para a Índia por mim. A sede que você tinha de almas a trouxe para tão longe. Teria medo de dar mais um passo por seu esposo em favor das almas? Sua generosidade esfriou? Estou em segundo lugar em sua vida? Você tem medo de perder a sua vocação e de se tornar secular, de lhe faltar perseverança? Não é sua vocação amar, sofrer e salvar almas? Dando esse passo reduzirá o desejo do meu coração por você, é essa a sua vocação. Usará roupas indianas simples e pobres como as que minha mãe usava. O seu hábito atual é sagrado porque é meu símbolo e o seu sári[27] será sagrado porque será meu símbolo."[28]

Madre Teresa em sua modéstia não se julga digna de tão grande tarefa, contudo, a voz doce, porém, imperiosa, insiste com ela: "Quero irmãs de caridade indianas que serão o meu fogo de amor entre os muito pobres e irmãs que ofereçam suas vidas como vítimas de meu amor. Elas trarão essas almas a mim. Sei que você é a pessoa mais incapaz, fraca e pecadora, mas é precisamente porque é assim que eu quero usá-la para a minha glória. Vai recusar?"[29]

---

[27] Peça de roupa usada pelas mulheres indianas.

[28] KOLODIEJCHUK, Brian. *Madre Teresa, venha, seja minha luz*, pág. 62. Editora Thomas Nelson/Ediouro, 2008.

[29] Ibidem, pág. 62.

José Carlos Leal

Neste texto fica muito clara a opção pelos pobres, proposta da Igreja Católica incentivada pelo Concílio Vaticano II (1962-1965) e pela teologia da libertação que visava à evangelização, politicamente articulada do Terceiro Mundo, principalmente da América Latina. Em um certo momento, Jesus tem uma fala estranha. Diz que Madre Teresa é incapaz, fraca e pecadora. Não é provável que Jesus tenha dito tal coisa, pois a missionária não era incapaz, nem fraca nem pecadora no sentido comum que se dá a esta palavra. Tenho a impressão de que Agnes colocou neste trecho a opinião que fazia de si mesma, opinião esta que ela vai repetir em muitas de suas cartas.

A amada não pode resistir ao apelo ou convocação de seu Senhor. Amor para ela é uma entrega absoluta incondicional da amada ao que é amado. Por isso ela porá mãos à obra para fazer o que deve ser feito.

V

Planejando a criação da Ordem

Quando ela começa a pensar na obra de maneira concreta e objetiva decide que, em primeiro lugar, era necessário escolher uma sede para a Ordem. Calcutá não seria o lugar ideal para sediar o seu projeto, pois ela desejava que as freiras meditassem recolhidas e o bulício das ruas, o barulho dos veículos, os murmúrios dos passantes, criava uma agitação incompatível com o formato que ela desejava dar ao seu trabalho. Talvez um lugar como Cossipore ou *Sealdoch de São João* fossem os lugares mais adequados. Nesses lugares mais afastados da civilização, as freiras poderiam meditar melhor e fazer o seu noviciado com tranquilidade durante um ano e, no ano seguinte, entrariam em ação.

Por influência dos franciscanos, Madre Teresa acredita que as freiras deveriam viver em pobreza absoluta. Nada, nada mesmo terão como bens materiais. Deverão como os monges beneditinos entregar-se ao trabalho diário e com disciplina. Oração e trabalho são os dois caminhos que nos levam a Deus. A oração eleva os espíritos aos páramos celestiais e o trabalho edificante disciplina a vontade e produz bens necessários à sociedade. Esta associação entre as irmãs de Caridade de Madre Teresa e a pobreza é uma outra tentativa de imitar Jesus. Falando a um escriba que se lhe aproximou, disse-lhe o Nazareno: "A raposa tem seus covis, e as aves do céu, ninhos, entretanto, o filho do homem não tem onde reclinar a cabeça. (*Mateus,* 8:18 e 19.) Aqui Jesus fala de pobreza

José Carlos Leal

absoluta, pois a moradia é o mínimo que se imagina que uma pessoa pobre deva ter.

Madre Teresa resolveu que a Ordem que ela iria fundar não aceitaria apenas as mulheres indianas, excluindo outras de diferentes nacionalidades. Qualquer irmã, originária das mais diversas partes do mundo, que desejasse cumprir as regras da Ordem e vestir-se à indiana seriam bem-vindas. A veste dessas freiras seria um hábito de cor branca, símbolo de pureza, mangas compridas, um sári de cor azul-claro, cor preferida da Virgem Maria, um véu branco, um crucifixo, um cinto e um terço.

Elas devem ser vítimas de Deus. Que sentido se deve dar aqui à palavra vítima. Aqui esta palavra não tem o sentido vulgar da pessoa que recebe uma injúria verbal ou um sofrimento físico. Vítima no discurso religioso significa um animal ou mesmo um ser humano que se oferece a um deus na forma de sacrifício. Com o objetivo de honrar uma divindade ou lhe captar a simpatia. As vítimas são levadas ao altar resignadas, sem protestar, como se aceitassem o sacrifício. As freiras de Madre Teresa devem se comportar como vítimas obedientes e submissas ofertadas a Jesus para serem suas servas.

Em seu trabalho, as irmãs de caridade não deverão ficar à espera de que as pessoas as procurem, mas são elas que devem ir até os que sofrem. Na comunidade, nada de colégio interno, apenas escolas, porém, até a segunda série. Para cada paróquia deverão ir duas irmãs, uma para cuidar dos doentes e moribundos e outra para servir nas escolas como professoras. Se o trabalho frutificar, o número de cooperadoras poderá aumentar. É interessante observar como Madre Teresa mostra-se preocupada com as crianças nas ruas, onde são submetidas à violência e aprendem todas as formas de vício.

Jesus de Nazaré e Madre Teresa de Calcutá

Outro aspecto que não devemos deixar passar em branco é a situação social da Índia dos anos 1940 com a de nosso país em nossos dias atuais. Nós também estamos vendo gerações de crianças brasileiras adotadas pelos traficantes de drogas, usando craque e morrendo drogadas, vítimas de atropelamento. Crianças sem sonhos nem esperanças. Seria também uma tarefa nossa, já que nos dizem os cristãos, buscar soluções para ajudar essas crianças.

Jesus havia distinguido sobremodo as crianças dizendo, inclusive, que quem não se fosse como uma delas não seria digno do Reino de Deus (*Mateus*, 18:3). Jesus reconhece na criança qualidades como: verdade nos atos, sinceridade nas palavras e confiança nos adultos. Teresa sabe que as ruas são lugares onde essas virtudes podem ser destruídas e por isso era necessário preservar este pequeno povo de Deus em espaços fechados (escolas) onde elas poderiam aprender os valores cristãos e não se contaminariam nos ambientes sórdidos das sarjetas.

O trabalho era imenso, entretanto, o desejo de realizá-lo não era menor. Jesus tinha urgência de cuidar de suas ovelhas perdidas e contava com as suas colaboradoras e elas não poderiam em hipótese alguma decepcionar o Senhor.

VI

Uma transferência inesperada

As coisas estavam indo relativamente bem quando a Provincial[30] de Madre Teresa escreveu para ela, notificando-a de que seria transferida da diocese da Calcutá para Asansol, uma cidade que ficava cerca de 200km de onde ela se encontrava. O motivo da transferência eram os rumores, que corriam entre algumas freiras maledicentes sobre as relações existente entre Madre Teresa e seu diretor espiritual e confessor, o Padre Van Exem. Essas freiras notaram que os encontros entre o padre confessor e a irmã Teresa duravam demasiado tempo. Do lado de fora, por certo, aquelas mulheres imaginavam cenas pouco dignas no contato entre os dois religiosos. Com o intuito de corrigir o pretenso desvio de Madre Teresa, as freiras levaram o caso à autoridade máxima do Convento. Como acontece em casos como estes, o problema chegou à Madre Superiora, mas chegou trabalhado pela imaginação maliciosa das denunciantes. De todo o jeito as coisas saíram de acordo com o desejo das freiras e Madre Teresa foi transferida.

A Escola de *St. Mary's* sofreu bastante com a saída de Madre Teresa que, de um certo modo, era a alma daquela escola, amada e respeitada pelas alunas que viam sua transferência como um caso de patente injustiça. Teresa, contudo, sempre obediente e respeitosa aos seus superiores, nada disse nem se defendeu. Talvez ela

---

[30] Madre Superiora responsável pelos conventos nas regiões de províncias.

pensasse com acerto que o mal não merece comentários. Ela dava mais importância à sua consciência do que aos comentários malévolos daquelas pessoas. Nada deveria fazer. Aquele era um problema entre elas e Deus, e Ele, que tudo vê e tudo sabe, conhecia a pureza de seu coração.

Um outro modo de ver o problema de que se valeu Madre Teresa foi confiar em Deus absolutamente. Ela perguntou: "Quem sou eu para saber quais são os caminhos de Deus, pois os desígnios dele são vedados à compreensão humana. Não diz o povo: 'O homem põe e Deus dispõe? Todo mundo é obra de Deus e Deus cuida de sua obra com desvelado carinho.'" Ela era obra de Deus, logo, deveria não se preocupar com o que lhe acontecia. Não disse Jesus que Deus não está indiferente nem à morte de um pardal nem a um cabelo que caía de nossa cabeça? Ora, se as coisas aconteceram do modo como aconteceram e Deus, estando presente, permitiu, é porque aquele fato tinha um sentido oculto, um sentido que ela não compreendia. Portanto só lhe restava seguir para Arsonal. Aquela era a vontade de Deus e isso lhe bastava.

Esta passagem nos lembra a história do sacrifício de Isaque (*Gênesis*, 22:1-13): "Certo dia, o Senhor chamou Abraão e lhe disse que tomasse Isaque, seu filho amado, e o sacrificasse em seu nome nas terás de Moriá. Abrão não discute com Deus e nem mesmo pergunta porque deveria cumprir tal ordem, por mais incrível que ela lhe parecesse. Assim, na manhã do dia seguinte, ele leva seu filho para ser ofertado a Deus. O que deveria estar pensando Abraão naquele momento? Por certo pensava assim: 'Eu não compreendo o que Deus quer de mim mandando que eu mate meu filho, mas não me compete discutir com Ele e muito menos me rebelar contra a sua vontade.'" Era mais ou menos assim que Madre Teresa pensava.

VII

A luta pelo reconhecimento da Ordem

Este capítulo, de nosso ponto de vista, é um dos mais importantes da vida de Madre Teresa. Ele nos mostra a fé e a perseverança de um espírito verdadeiramente notável, um espírito que compreende plenamente a frase de Jesus: "Aquele que perseverar até o fim será salvo." (*Mateus*, 24:13.) Era esta frase que dava à freira forças para insistir no projeto de criação da Ordem das irmãs de caridade que lhe parecia uma necessidade urgente para Jesus.

Havia, contudo, um problema: a hierarquia da Igreja Católica. Madre Teresa não era uma pessoa poderosa dentro das igrejas, mas uma simples colaboradora. Não lhe cabia tomar decisões sem consultar os seus superiores. A primeira autoridade que estava acima dela era o arcebispo de Calcutá. O arcebispo daquela cidade indiana, à época, chamava-se Périer, nascido em 1875, na cidade de Antuérpia, na Bélgica. Em 1909, foi ordenado padre Jesuíta. Em 23 de junho de 1924, foi bispo adjunto da cidade e sucessor do Arcebispo. Permaneceu neste cargo até 1960. Desencarnou em 1968.

Foi a este homem que ela enviou a sua primeira carta, pedindo-lhe que aceitasse a decisão de Jesus de criar a Ordem das irmãs de caridade indianas. Périer era um homem extremamente cauteloso. Ele compreendia, aceitava e praticava a essência do pensamento eclesiástico, por isso era cuidadoso. A Igreja Católica sempre evitou entrar em aventuras desse tipo. O Clero romano sempre se preocupou em perfilhar milagres e milagreiros, casos

José Carlos Leal

de exorcismo e de pessoas que se consideravam mensageiros de Deus com ideias reformistas. Há pouco tivemos o caso de Frei Leonardo Boff,[31] condenado ao silêncio em função de suas ideias teológicas ligadas à teologia da libertação.[32]

Em resposta à carta de Madre Teresa, Périer foi sincero, mas sutil. Disse à missivista que não era contra nem a favor ao pedido dela. No caso preferia a neutralidade. Disse mais: "A Igreja não era apressada naqueles casos e assim uma resposta positiva ou negativa poderia levar muito tempo. Um caso como aquele exigia uma profunda reflexão por parte da Igreja, ela que tivesse paciência."

---

[31] N.E.: Leonardo Boff, nome literário e religioso de Genézio Darci Boff (1938), é um teólogo brasileiro, expoente da Teologia da Libertação. Foi membro da Ordem dos Frades Menores (Franciscanos) e foi ordenado sacerdote em 1964. Seus conceitos teológicos expressos no livro *Igreja: Carisma e Poder*, renderam-lhe um processo junto à Congregação para a Doutrina da Fé, então dirigida por Joseph Ratzinger, que depois tornou-se Papa Bento XVI. O documento final desse processo foi assinado pelo próprio Cardeal Ratzinger e conclui: "As opções aqui analisadas de Frei Leonardo Boff são de tal natureza que põem em perigo a sã doutrina da fé, que esta mesma Congregação tem o dever de promover e tutelar." Em 1985, Boff foi condenado a um ano de "silêncio obsequioso", perdendo sua cátedra e suas funções editoriais na Igreja Católica. Em 1986, recuperou algumas funções, mas sempre sob tutela de seus superiores. Em 1992, ante novo risco de punição, desligou-se da Ordem Franciscana e pediu dispensa do sacerdócio. Boff afirma que nunca deixou a Igreja: "Continuei e continuo dentro da Igreja, fazendo teologia como antes", mas deixou de exercer a função de padre.

[32] N.E.: A Teologia da Libertação é a interpretação das Escrituras pelo prisma do sofrimento dos pobres, é em grande parte uma doutrina humanista. Começou na América do Sul, na década de 1950, a ideia era estudar a *Bíblia* e lutar por justiça social nas comunidades cristãs (católicas).

Jesus de Nazaré e Madre Teresa de Calcutá

Em verdade, o Padre Périer tinha esperanças de que o pedido de Madre Teresa, chegando às autoridades eclesiásticas (se é que chegaria) estas fossem procrastinando a decisão e com o passar do tempo a freira postulante acabasse desanimando e desistindo daquela ideia. Este, muito provavelmente, era o pensamento do Arcebispo enquanto preparava a sua viagem a Roma.

O Padre Périer estava inteiramente enganado, pois Madre Teresa estava cada vez mais motivada. Ela estava certa de que Jesus queria que ela fundasse a Ordem e essa certeza fazia com que ela não pensasse em desistir, ainda que por segundos. Assim que ela soube que Périer iria a Roma, ela escreveu a ele uma nova carta pedindo-lhe que ele advogasse a sua causa perante a Sua Santidade. Esta segunda carta é minuciosa e detalhista, permeada de uma profundo sentimento cristão. É uma epístola emocionante e mesmo apaixonada que tocou a sensibilidade do bispo, todavia, não o fez mudar de opinião. Assim a resposta do religioso foi ainda em um tom cauteloso.

Na carta ele dizia a ela que se colocasse no lugar dele e visse a sua grande responsabilidade em apresentar a proposta dela às autoridades romanas. Diz ainda que está sendo pressionado por ela quando nem ele nem a Madre Superiora do convento têm qualquer poder que possa exercer uma ação decisiva naquele caso. Ele diz a ela que teria de conhecer melhor o projeto, pois os padres do Vaticano iriam lhe fazer perguntas que ele não saberia como responder. Dizendo isso, ele pede à freira que responda algumas questões a respeito do seu projeto. As perguntas eram as seguintes:

1. O que ela realmente pretende fazer?

2. Quais são os meios ou recursos que possam ser úteis à sua realização?

José Carlos Leal

3. De que modo pretende formar as suas colaboradoras?

4. Que tipo de pessoa recrutaria para a sua ordem?

5. Em que lugar físico ficaria a sede da Ordem?

6. Não seria possível alcançar os mesmos objetivos por meio de uma Ordem já existente?

7. Não seria mais prático realizar esses mesmos objetivos por meio de associações ou irmandades?

8. Quais seriam as possibilidades de sucesso?

9. Como as irmãs iriam se sustentar?

As perguntas são de fato pertinentes, mas é bem possível que, por meio delas, o bispo pretendesse ganhar tempo. Além disto, ainda é provável que ele acreditasse ser Madre Teresa uma mulher simples, de inteligência apoucada, que não seria capaz de responder estas questões a contento. Dentre essas perguntas, duas nos parecem particularmente interessantes, as de número seis e sete. A primeira fora feita, na Idade Média, quando Francisco de Assis decidiu criar a Ordem dos franciscanos e a segunda é mais uma proposta que uma pergunta. Ao propor um grupo leigo para exercer a ação caridosa, pretendia-se eximir a Igreja de quaisquer responsabilidades no caso. Por fim, ele pede à Madre Teresa que responda a essas perguntas apenas em setembro, quando ele estaria voltando de Roma.[33] Este foi um golpe muito duro nas esperanças de Madre Teresa, que deseja urgência na solução do problema.

---

[33] A carta do Arcebispo era datada do mês de abril de 1947, de abril a setembro há seis meses, o que era um tempo muito longo para ela esperar.

Jesus de Nazaré e Madre Teresa de Calcutá

Madre Teresa, depois da leitura da carta, ficou incomodada, mas não frustrada e nem sentiu a menor sensação de revolta ou desejo de se rebelar. O Arcebispo tinha seus motivos e o seu dever era respeitá-los e acatar as decisões dele. Ela, então, com a humildade que lhe era característica, escreveu na margem da carta do Arcebispo: "Meu Deus, dá-me a tua luz e o teu amor para que eu seja capaz de escrever essas coisas para a tua honra e glória. Não permitas que a minha ignorância me impeça de fazer a tua vontade na perfeição. Supre o que falta em mim."[34]

Não se trata de uma falsa humildade, Teresa, de fato, jamais se sentiu como uma pessoa culta ou mesmo uma pessoa especial. Certa vez ela se definiu para um enviado de Roma, o Padre Serrano, que fora a Calcutá para conhecê-la, como "o lápis de Deus". Deus era quem escrevia e ela era apenas o lápis que segue aquilo que o escritor deseja. Em verdade, ela não se julgava capaz de responder, a contento, às questões levantadas pelo Arcebispo. Por este motivo, ela pede a Deus, que, por certo, a atendeu, enviando-lhe espíritos superiores para inspirá-la na resposta ao Padre Périer.

O Arcebispo voltou de Roma em setembro, como estava previsto, mas as coisas, com relação ao pedido de Madre Teresa, não se alteraram, embora ela houvesse respondido as questões por ele exigidas. Então, o Padre Van Exem se tornou um auxiliar prestimoso de sua pupila espiritual, servindo de ponte entre ela e o Arcebispo de Calcutá. O padre levou ao Arcebispo as notícias das visões que aconteciam com ela e das vozes que ela ouvia. O Arcebispo, todavia, desqualifica esses fatos. Coisas desse tipo, muitas vezes, tinham explicações psicológicas e parapsicológicas, não sendo, portanto, sobrenaturais. A própria Igreja em 30 de maio de 1431 havia levado

---

[34] KOLODIEJCHUK, Brian. *Madre Teresa, venha, seja minha luz*, pág. 82. Editora Thomas Nelson/Ediouro, 2008.

José Carlos Leal

à fogueira uma jovem chamada Joana d'Arc,[35] que também ouvia vozes, embora mais tarde a Igreja tivesse que rever o processo e canonizar Joana, a instituição sofreu um certo desgaste com o caso. A Igreja tem de ser muito escrupulosa em situações como essas.

O Arcebispo deixou claro que as vozes e as visões não eram coisas de seu interesse e de um certo modo Madre Teresa concordava com ele pois embora essas graças extraordinárias a ajudassem, não eram, essenciais ao seu chamado. Ela acreditava que a frase de Jesus preso à cruz: "Tenho sede" (*João*, 19:28) não se referia a uma sede de água, mas a uma sede de almas. Esta sede que Jesus sentia, e ela também, era a grande razão para não desistir de sua luta.

Para o leitor que gosta de tomar partido de personagens em uma narrativa, a figura do Padre Périer parece um tanto antipática no modo de tratar Madre Teresa, mas ele não deve ser visto assim. Ele, em verdade, era um homem extremamente honesto e não queria tomar uma decisão que não estivesse de acordo com a sua consciência, da qual depois tivesse que se arrepender. Ele estava na igreja há vinte e cinco anos e já havia visto muitas coisas. Em uma carta ao Padre Van Exem, ele diz que não duvidava das virtudes de Madre Teresa, de sua vocação e até mesmo das visões que ela dizia ter, mas ele em seu íntimo não estava convencido.

Madre Teresa, entretanto, não desanimava ante o tipo de resposta desalentadora que o Arcebispo lhe dava, por isso insistia com as suas cartas, que o religioso considerava como uma forma

---

[35] N.E.: (1412-1431), heroína francesa. Aos 13 anos ouviu vozes que a incitavam a libertar Orleãs, sitiada pelos ingleses. Comandou um pequeno exército e conseguiu que os ingleses levantassem o cerco à cidade. Denunciada ao tribunal da Santa Inquisição de Rouen, foi declarada herética e queimada viva. Reabilitada em 1456, foi beatificada em 1909 e canonizada em 1920.

Jesus de Nazaré e Madre Teresa de Calcutá

de pressão contra ele e, de fato, não deixavam de ser. Em uma das cartas, ela escreveu solicitando que ele atendesse o seu pedido:

> Excelência,
>
> Na última carta que me enviou por ocasião da minha festa, o senhor escreveu: "Ainda vai demorar um pouco antes de poder concluir todo esse assunto." Imploro-lhe, Excelência, em nome de Jesus e pelo amor de Jesus, que me deixe ir. Não demore mais. Não me detenha. Quero começar esta vida na véspera do Natal. Temos muito pouco tempo de agora até lá para fazer os preparativos restantes. Por favor, deixe-me ir.
>
> O senhor ainda tem medo. Se a obra for toda humana, morrerá comigo, mas se for toda Dele, viverá durante séculos. Enquanto isso, almas estarão sendo perdidas. Deixe-me ir com a sua bênção, com a bênção da obediência com que desejo começar todas as coisas. Não tema por mim. Pouco importa o que me aconteça.
>
> Tudo o que pedimos ao Pai em nome de Jesus é concedido, foi em nome de Jesus que eu lhe pedi. Por favor, deixe-me ir.[36]
>
> Reze por mim.
>
> Sua devota filha em J. C.,
>
> Maria Teresa.

Há neste trecho duas referências ao Novo Testamento. O primeiro caso diz respeito a uma passagem do livro dos *Atos dos Apóstolos*. Segundo este livro, Pedro e João foram presos pelo

---

[36] KOLODIEJCHUK, Brian. *Madre Teresa, venha, seja minha luz*, pág. 103. Editora Thomas Nelson/Ediouro, 2008.

José Carlos Leal

Templo por pregar a palavra de Jesus. Houve, então, uma reunião do clero judaico para decidir o que se deveria fazer com eles. No calor dos debates, foi proposta uma medida radical: matar os seguidores do Cristo. Neste momento, Gamaliel, o mesmo que fora mestre de Saulo de Tarso, levantou-se e tomou a palavra com um discurso conciliador. Ao final desse discurso, o velho rabino disse:

> Agora vos digo: deixar ir embora esses homens e deixai-os porque este conselho ou esta obra, caso seja dos homens, se desfará; mas, se for de Deus, não podereis derrotá-los, para que não sejais combatentes contra Deus (*Atos*, 5:38-39).

Madre Teresa usa o mesmo argumento de Gamaliel. No primeiro caso, o Sinédrio não era competente para julgar o movimento cristão, pois só o tempo seria capaz de fazê-lo, do mesmo modo, nem o Arcebispo nem o clero romano eram competentes para julgar o pedido de Madre Teresa, pois, se fosse algo de Deus, não haveria força humana capaz de o impedir. A segunda referência é a seguinte: *"Tudo o que pedirmos ao pai em nome de Jesus será concedido"* (*João*, 14:13).

A vida continua e Madre Teresa não para de tentar influenciar o Arcebispo por meio de suas cartas. As visões também continuam e parecem ter um fundo mediúnico. Em uma dessas visões, ela se vê no meio de um grande número de pessoas pobres, homens, mulheres e crianças. Nesse momento, ouviu uma voz, mas aquela voz não era a de Jesus. A voz lhe pedia: *"Venha, venha e me leve aos buracos onde vivem os pobres. Venha e veja a minha luz."* De repente a voz individual tornou-se a voz de uma grande multidão que a chamava: *"Venha, venha, salva-nos. Leve-nos a Jesus."* Este convite ou apelo continuou durante toda a vida dela ecoando em seu coração.

Jesus de Nazaré e Madre Teresa de Calcutá

Há uma segunda visão e desta vez tem-se a impressão de que ela penetra mais profundamente na dor, na angústia, no sofrimento da multidão. Nessa visão, ela não está sozinha, mas acompanhada de Nossa Senhora ou de um espírito que ela toma pela mãe de Jesus. O espírito lhe diz imperioso: *"Traga-os para Jesus. Leve Jesus a eles."* Essa insistência do espírito parece indicar que Jesus está distante das massas sofredoras e era necessário que a Igreja fizesse uma reaproximação entre Jesus e os que sofrem.

Há, por fim, uma terceira visão repetindo a mesma imagem da grande multidão. Madre Teresa pôde ver as pessoas, mas também pôde ver Jesus crucificado no Gólgota. Desta vez, o papel de Maria também se intensifica. Ela está atrás de sua "criança pequena", apoiando-a, enquanto ambas contemplam o triste espetáculo de Jesus na cruz. Novamente, ela escuta voz de Jesus que mais uma vez lhe pede que cumpra a sua missão. Esta visão termina com a frase que Jesus diz sempre a ela: *"Vai se recusar a fazer isso por mim?"*

Aquele que perseverar até o fim será salvo e foi isso o que aconteceu no caso de Madre Teresa, pois, depois de ler as respostas que ela dera às suas perguntas, o Arcebispo percebeu a força do caráter daquela mulher pequenina, mas com um coração maior que o mundo. Depois de perceber isso, ele levou ao caso a teólogos renomados e, de volta a Calcutá, conversou com padres muito bem informados sobre a vida religiosa local. E, depois disto tudo, ele deu permissão a Madre Teresa de ir em frente com o seu projeto. Era 6 de janeiro de 1948 e fazia dezenove anos da chegada de Madre Teresa à Índia.

VIII

A Madre Gertrudes

Todas as coisas estavam correndo sob a orientação da Espiritualidade Maior. Havia, porém, ainda um obstáculo: a necessidade de consultar a Madre Superiora do Loreto, Madre Gertrudes Kennedy. Só depois disto é que ela poderia dirigir-se ao Papa pedindo-lhe a permissão para deixar o Loreto e dar início à missão que Jesus lhe confiara.

Incansável, Madre Teresa prossegue em sua luta para servir ao Mestre. Escreve então uma carta à Madre Gertrudes. Trata-se de um texto enxuto, seco, objetivo em que ela evitar falar de suas visões e de suas vozes. Antes, procura explicar os objetivos de sua Ordem. A carta é datada de 10 de janeiro de 1948, quatro dias depois de ter conseguido a anuência do Arcebispo de Calcutá. Em continuidade ela explica à sua superiora que possui um projeto pessoal de trabalhar com os pobres.

No início da carta, ela pede à destinatária que seja discreta com respeito ao conteúdo da missiva. Gostaria de que nenhuma freira soubesse do que estava pedindo. Certamente, ela não se esquecera da calúnia de que fora vítima e que causara a sua transferência. Jesus dissera que era preciso ser manso como as pombas e prudente como as serpentes e aquele era um bom conselho naquele caso e em outros.

Fez, em seguida, um resumo das coisas que lhe sucederam nos últimos dias relativamente ao seu projeto principal: Em um primeiro

José Carlos Leal

momento, o seu confessor e diretor espiritual, o Padre Van Exem lhe desencorajara, pedindo a ela que se esquecesse daquele assunto, mas ela, embora o respeitasse muito, não seguiu aquela orientação e escreveu para o Padre Périer, o Arcebispo de Calcutá, pedindo a ele autorização para dar continuidade a seu projeto. Depois de um ano e muita insistência, o Arcebispo cedera à sua vontade e dera a desejada permissão. Agora estava escrevendo à Reverendíssima Madre Superiora para dar o próximo passo no caminho traçado por Jesus.

Depois de ter colocado o problema, ela explicita o que desejava da Madre Gertrudes: quero deixar o Loreto assim que possível e peço à Sagrada Congregação que me conceda a anulação dos votos e o indulto de secularização, ato pelo qual me tornarei livre para viver a vida de uma indiana na Índia e trabalhar em uma favela. Peço autorização para apresentar à Sagrada Congregação o pedido para ser dispensada dos meus votos. Entrei para o Loreto em 1928 e fiz os meus votos perpétuos em maio de 1932.[37]

Seria interessante aqui explicar os dois indultos aplicados ao caso de Madre Teresa: a secularização e exclaustração. No primeiro caso, a religiosa deixa de ser freira e volta à vida profana, perdendo por completo o vínculo com a Igreja. No segundo caso, temos uma espécie de licença e a freira se afasta do convento, mas continua mantendo o vínculo com a Igreja e, assim, não se torna leiga, porém, deverá viver fora da instituição — Igreja e assim muitos de seus antigos direitos e deveres religiosos deixam de existir.

Em sua carta, Madre Teresa pede a secularização ou o desligamento dos votos. Nos parece claro que ela estava em um conflito

---

[37] KOLODIEJCHUK, Brian. *Madre Teresa, venha, seja minha luz*, pág. 116-117. Editora Thomas Nelson/Ediouro, 2008.

Jesus de Nazaré e Madre Teresa de Calcutá

entre servir Jesus e servir à Igreja. Ela deve ter percebido a dificuldade de servir a esses dois senhores. A Igreja era hierárquica e burocrática mesmo para fazer o bem e Jesus era objetivo, direto e não adiava por nada a oportunidade de amar e servir. Isto ficou muito claro para ela no caso do Arcebispo de Calcutá.

O Padre Van Exem havia sugerido a Teresa que ela optasse pela exclaustração e não pela secularização porque, se ela se desse mal e o seu projeto fracassasse, poderia voltar à Igreja sem maiores problemas. Tamanha era a fé de Madre Teresa que ela respondeu ao seu padre confessor dizendo que continuaria desejando a secularização porque a chance de dar errado era zero, uma vez que o trabalho não era dela, mas de Jesus Cristo.

Madre Teresa, entretanto, corajosamente deixa claro que está se afastando da Igreja temporariamente, mas não está se afastando de Jesus. Em uma carta escrita ao Padre Van Exem ela diz: "Ninguém pode me separar de Deus, estou consagrada a Ele e, como tal, desejo morrer, não sei o que diz o Direito Canônico a este respeito, mas sei que Nosso Senhor nunca Se permitirá se ser separado de mim. Não desejo que passe um minuto sem que o meu ser Lhe pertença."

O Arcebispo Périer se tomara de profunda admiração por Madre Teresa e passou a se encarregar da correspondência dela com as suas superioras do Loreto. Tal era o interesse do Arcebispo na obra de Madre Teresa que, quando soube que o Padre Van Exem havia enviado uma carta para Madre Gertrudes, chamou o seu confrade e lhe disse: "Padre, o nosso trabalho termina aqui. Competia a nós saber se era possível ou não dar a ela autorização para seguir em frente. O resto é obra de Deus e Ele sabe como agir melhor do que nós." Já no dia seguinte, o Arcebispo manda uma carta para Dublin,

José Carlos Leal

na Irlanda, onde fica a sede das irmãs do Loreto, endossando a solicitação da freira e deixando muito claro a enorme consideração que ele nutria por Maria Teresa.

O tempo passava e a resposta de Madre Gertrudes demorava. Madre Teresa ficava cada vez mais ansiosa. O Arcebispo, percebendo que Madre Teresa estava demasiadamente ansiosa, escreveu para ela uma carta aconselhando-a a se acalmar, em um certo momento da carta ele faz algumas ponderações tão interessantes e pertinentes que Madre Teresa as grifou de próprio punho. Foram essas as considerações: "Reze muito e viva intimamente com Nosso Senhor Jesus Cristo, pedindo a ele por luz, força e decisão. A obra é DELE. Tente não colocar em tudo isso nada de si mesma. A Senhora é um instrumento dele e nada mais."[38]

Felizmente para Madre Teresa a resposta definitiva de Madre Gertrudes não demorou tanto. A carta da Madre Superiora não só autorizava Madre Teresa a prosseguir, como lamentava que a Ordem do Loreto perdesse um membro tão valioso quanto ela.

> Queridíssima Madre Teresa,
>
> O seu desejo de imolar-se completamente ao serviço dos pobres de Deus é muito nobre e louvável, embora considere a sua saída uma verdadeira perda para o nosso instituto. A Senhora me deu tantas razões para acreditar que o seu chamado vem de Deus que não posso recusar o seu pedido.
>
> Uma coisa: seria mais sensato obter um decreto de exclaustração por enquanto e, mais tarde, se tudo correr bem, a dispensa dos

---

[38] KOLODIEJCHUK, Brian. *Madre Teresa, venha, seja minha luz*, pág. 123. Editora Thomas Nelson/Ediouro, 2008.

votos. Não mencionarei este assunto a ninguém, nem mesmo à Madre Provincial e a senhora também não precisa fazê-lo. O meu consentimento é suficiente.

Que Deus a guie e a proteja sempre. Estará presente em minhas orações, tenha-me presente nas suas.

Muito afetuosamente em Jesus Cristo
M. Gertrudes (Superiora-geral)

IX
Último obstáculo: permissão da Santa Sé

O leitor que nos está acompanhando já percebeu a lentidão do processo hierárquico-burocrático da Igreja Católica para se tomar uma decisão, ou seja, as diversas instâncias que o solicitante deve percorrer para atingir um determinado objetivo. Isto pode ser justificado pelo gigantismo desta igreja e pela importância que algumas decisões possuem para mais de um bilhão de fiéis. Assim, é necessário ter muita fé e mais paciência ainda para atingir determinados objetivos dentro da Igreja, como foi o caso de Madre Teresa obedecendo às regras nela estabelecidas.

Mesmo assim, Madre Teresa achava que deveria fazer alguma coisa e essa alguma coisa a ser feita era escrever uma carta ao Papa. Esta carta era bastante argumentativa e detalhada. Em primeiro lugar, ela se apresenta ao Pontífice como alguém que possui uma tarefa a ser realizada, tarefa esta que lhe foi confiada por Jesus Cristo

José Carlos Leal

e pela Virgem Maria. Há milhões de pessoas que sofrem, choram e gemem nas ruas da Índia. Elas estão pelas sarjetas, pelas esquinas, jogadas ao relento, sem a ajuda de pessoa alguma. Era desses que ela queria cuidar, era com esses que ela desejava viver, contudo, para que pudesse fazer isso, dependia da bênção de Sua Santidade. Ela diz que não vinha pedir com a arrogância dos predestinados, mas com a humildade dos que sabem de sua pouca importância para o mundo. Ela era uma criatura frágil, uma grande pecadora e afirmava que nem mesmo sabia como uma criatura com as suas características pôde ser escolhida para tão bela tarefa.

Esta carta foi enviada para Roma pelo Arcebispo Périer que anexou à epístola uma outra carta, escrita por ele, na qual apresentava Madre Teresa como uma pessoa extraordinária, uma das melhores pessoas que ele já havia conhecido e de seu ponto de vista, ela possuía de fato um mandado divino. Assim, as autoridades que lessem a carta deveriam estar certas de que a requerente não era uma mulher louca ou alucinada, com projetos mirabolantes, mas alguém que possuía os pés na terra e merecia deles todo o respeito e atenção.

A carta foi enviada e, mais uma vez, Madre Teresa teve que esperar a resposta de seu pedido. Ao seu lado, o Arcebispo aconselhava a ter paciência. Deus saberia qual seria o melhor momento para que o seu ideal se realizasse. Ela quis escrever mais cartas, como fizera com o Arcebispo, mas este explicou a ela que não fora a quantidade de cartas que o convenceu, mas um movimento em seu interior que o levou a acreditar nela e desejar estar com ela no seu projeto. Fora o tempo e nada mais. Era necessário, portanto, que ela aprendesse a esperar, acreditar, confiar.

Valeu a pena esperar porque no dia 8 de agosto de 1948 ela recebeu a notícia de que o Papa Pio XII [Papado: 1939-1958] a autorizava a deixar a Ordem do Loreto e dar início à sua missão. As autoridades

Jesus de Nazaré e Madre Teresa de Calcutá

romanas, entretanto, decidiram não lhe dar a secularização, mas a exclaustração, deixando, com isso, uma porta aberta para a sua volta à Igreja no caso de um insucesso.

Nove dias depois da permissão papal, vamos encontrar Madre Teresa usando um sári branco, andando pelas ruas tumultuadas da Índia, que acabara de se tornar livre graças ao trabalho de um outro espírito missionário, chamado Mahatma Gandhi. Aqui começa uma nova fase da vida deste espírito fantástico.

X
O trabalho cresce e os desafios aumentam.

Fonte: www.corbis.com.br

Manhã brumosa na Índia, Madre Teresa deixa o Loreto. Seus passos são firmes. Está feliz porque vai dar início à tarefa de Jesus, mas está triste porque vai deixar o Loreto, onde passara os melhores dias de sua vida religiosa. Ali ficariam suas amigas mais queridas e suas velhas e gostosas lembranças. Seu destino era o Hospital da Sagrada Família das irmãs da Missão Médica de Patna. Ali aprenderia noções básicas de primeiros socorros, dar injeção, fazer curativos, pois era deste conhecimento que ela necessitaria quando encontrasse com os seus pobres nas favelas, nos becos e nas ruas de Calcutá.

Em Patna, aconteceu um fato muito interessante que devemos narrar aqui. Madre Teresa estava aprendendo medicina no Hospital da Sagrada Família quando apareceu ali um paciente, chamado Atul, que estava com a perna gangrenada. O seu atendimento foi feito pelo Dr. Gupta que só via como solução a amputação da perna do paciente. Madre Teresa ousadamente impede que o médico faça a amputação e o convence a fazer o tratamento. O médico concorda e a perna de Atul é salva e ele fica completamente curado.

José Carlos Leal

Enquanto fazia o seu curso intensivo em Patna, Madre Teresa preocupava-se com um lugar para abrigar-se e consigo as moças que já se haviam apresentado para cooperar na Ordem há pouco reconhecida. Quando voltasse para Calcutá. O Padre Julian Henry sugeriu que ela fosse a Krishnagar, um convento naquela cidade da Índia e lá se apresentasse como ajudante em troca de moradia. De início, Madre Teresa achou aquele sugestão muito boa, pois sendo um convento pobre, poderia matar-lhe alguns resquícios de orgulho que ainda tivesse. Agradava-lhe a ideia de viver como os pobres para sentir o que eles sentiam.

Logo, porém, descartou a ideia, pois imaginou que se fosse para Krishnagar como ex-freira do Loreto, acabaria sendo conhecida e recebendo tratamento especial e isso a impediria de viver em extrema pobreza como desejava. Não. Não daria certo. Conhecia a Madre Superiora do convento e a maior parte das freiras e das professoras. Talvez em Gobra, um convento de uma região pobre de Calcutá estivesse melhor.

Ainda quando estava em Patna, ela se lembrou de um edifício vazio que havia em Calcutá e que pertencia ao Loreto, pediu a Madre M. Pauline Dune que há pouco havia sido eleita Superiora Geral da Ordem, mas esta recusou o pedido. Teresa não ficou zangada. Limitou-se a dizer que, um dia, o Salvador do Mundo, não tendo um lugar para nascer, veio à luz em um estábulo na companhia dos animais. No mês de dezembro, Madre Teresa terminou o seu estágio entre as Missionárias da Caridade e regressou a Calcutá, indo viver com suas companheiras no Convento de São José.

A vida em Calcutá era extremamente cruel para com os pobres e as mulheres, que eram maltratadas, violentadas, estupradas e obrigadas a serem queimadas vivas com o corpo de seus maridos

Jesus de Nazaré e Madre Teresa de Calcutá

mortos.[39] O problema das castas agravava bem mais a situação, pois não havendo mobilidade social quem nascia em uma casta nela deveria continuar até a sua morte. Os párias ou intocáveis, ou seja, indivíduos sem casta, viviam em situação social inimaginável, tratados como se não fossem seres humanos, viviam ao relento ou em guetos (favelas), proibidos até mesmo de se aproximar de um indivíduo de casta. A Índia de hoje possui 100 milhões de indivíduos abaixo da linha da pobreza. O crescimento e modernização do país, infelizmente, não tem conseguido diminuir esse número fantástico de miseráveis. Imaginem a Índia de 1948 quando Madre Teresa começou o seu trabalho.

A cidade de Calcutá onde viveu Madre Teresa havia sido muito afetada durante a Segunda Guerra Mundial (1939-1945). O povo vivia em condições de miserabilidade. Em cidades como Bengala, Nova Delhi e Calcutá, ao lado da moradia suntuosa dos marajás e dos dominadores ingleses, estavam as favelas onde viviam os pobres em pequenos barracos, espaços exíguos, onde mal cabiam os seus pertences. Não tinham escolas para seus filhos, nem saúde para seus corpos, nem trabalho digno e comida farta. Doenças como a tuberculose e a hanseníase (lepra), sarna, cegueira eram comuns entre aqueles rebotalhos humanos. Era a essas pessoas que Jesus enviara o socorro de Madre Teresa. Tratando desta terrível realidade, escreveu Madre Teresa:

---

[39] N.E.: Sati é um antigo costume, hoje estritamente proibido pelas leis indianas, que *obrigava* (no sentido honroso, moral, e prestigioso) a esposa, então viúva, devota a se sacrificar viva na *pira funerária* de seu marido. O termo é derivado do nome da deusa Sati (**Satī** ou **Dākshāyani** é deusa da felicidade conjugal e longevidade; ela é adorada pelas esposas, a fim de procurar prolongar a vida de seus maridos), que foi esposa de Shiva e não quis sobreviver à morte de seu marido matando-se.

José Carlos Leal

Às oito da manhã, saí de São José [...] passei por Santa Teresa [...] peguei Verônica comigo e partimos.

Começamos em Taltala e visitamos todas as famílias católicas. As pessoas ficaram muito satisfeitas e tinham crianças, havia crianças por todos os lados e quanta sujeira e miséria! Quanta pobreza e sofrimento! Falei muito, muito pouco. Apenas lavei algumas feridas, fiz uns curativos e dei medicamentos a alguns. O velhinho deitado na rua, que ninguém queria, completamente sozinho, doente e moribundo. Dei-lhe amebicida e água e o velhinho ficou tão estranhamente grato. [...] Depois fomos para o Bazar de Taltala, onde havia uma mulher morrendo, eu penso mais de fome do que de tuberculose. Que pobreza! Que sofrimento tão real! Dei-lhe algo que a ajudará a dormir, mas a mulher está ansiosa para que cuidem dela. Eu me pergunto: quanto mais tempo resistirá naquele momento estava apenas com 35,5° de temperatura. Pediu algumas vezes pela confissão e a Sagrada Comunhão. Eu senti ali a minha própria pobreza também, pois nada tinha para dar àquela pobre mulher; fiz tudo o que podia, mas se tivesse podido lhe dar um copo de leite quente ou qualquer coisa assim, seu corpo frio teria recuperado um pouco de vida. Devo tentar estar em algum lugar perto das pessoas onde eu poderia conseguir as coisas com mais facilidade.[40]

Logo no início de seu trabalho, Madre Teresa percebeu que a vida nas favelas não era fácil para ninguém. Havia muita dor explícita, mas também havia dores interiores implícitas que os olhos podem não ver, mas o coração sente. Outro problema era que a seara era muito grande e os trabalhadores muito poucos.

---

[40] Registro dos Primeiros Dias, escrito entre 21 e 23 de dezembro de 1948.

Jesus de Nazaré e Madre Teresa de Calcutá

Podemos, por fim, acrescentar um outro problema: as críticas que ela sofreu, pois muitos poucos compreendiam o seu trabalho feito entre os pobres. Acusavam-na de perder tempo com a escória da população em vez de se ocupar dos ricos. Ela discordava disto, pois para ela era exatamente nesta escória de deserdados é que estava o espírito do Cristo e não nas mansões dos poderosos, mansões nababescas em que viviam os marajás. Quando a chamavam com desprezo de "a irmã das favelas", ela sentia-se feliz, pois era isso exatamente o que ela desejava ser.

Madre Teresa sofria com a pobreza dos pobres, pois era também a sua pobreza. Ela se lembrava de como doeram suas pernas ao andar procurando uma habitação para si e as suas irmãs. Imaginava como as pernas dos pobres doíam nas ruas quando eles estavam caminhando, procurando comida, alimento ou abrigo. Só vivendo aquela vida, sofrendo como aquelas pessoas sofriam é que ela poderia avaliar o drama de suas existências anônimas e sem esperanças.

Em meio a todo esse trabalho, continuava o problema da falta de um lugar para a sede dos grupo. Sempre atenta, porém, a Espiritualidade trouxe a sua ajuda na pessoa de um dos irmãos Gomes, que possuía uma casa de três andares na rua Creek Lane nº 14. Este benfeitor ofereceu para Madre Teresa o terceiro andar daquela casa para que funcionasse ali a sede da Ordem nascente. Esse lugar se tornou a primeira casa das Missionárias da Caridade. No final de fevereiro, a religiosa mudou-se para lá. Apesar da ajuda inesperada, as dificuldades continuavam e Madre Teresa pedia a Deus que lhe desse forças para levar sua obra sempre para frente, sem jamais desanimar.

À época, para o trabalho assistencial, Madre Teresa só contava com alguns poucos voluntários e, preocupada com o tamanho

José Carlos Leal

da seara e os pouco seareiros, ela suplicava à Virgem Maria que lhe desse mais colaboradoras. Esta ajuda veio sem demora. Madre Teresa, em razão de seu carisma e habilidades pedagógicas naturais, havia conquistado o respeito e admiração de suas alunas do colégio de Santa Maria. Agora, com seus exemplos, ela aumentara entre aquelas moças a admiração que nutriam por ela. Assim, algumas de suas ex-alunas julgaram que deveriam deixar tudo para colaborar no serviço de sua antiga professora e se apresentaram a Madre Teresa dispostas ao serviço. Entre essas moças apresentou-se no dia de São José, 19 de março, uma jovem chamada Shubashini Das que, mais tarde, seria a irmã Agnes. As adesões foram "pingando" e em junho de 1950 a congregação já se compunha de 12 auxiliares.

Havia, porém, uma preocupação: a condição de freira exclaustrada não era permanente, nem dependida da vontade da freira, mas de uma decisão do Papa e, no momento em que a Santa Sé decidisse por terminar aquela condição, ela deveria voltar ao convento, pondo fim ao seu trabalho, entretanto, mais uma vez, ela é ajudada pelo Invisível, e o Papa prorroga por mais três anos a exclaustração para a alegria de Madre Teresa.

A adesão das moças do Loreto fez com que a Madre Geral ficasse preocupada. Para ela, o trabalho de Madre Teresa não pertencia à Igreja e, sendo assim, era um desvio de vocações verdadeiras. Pensando assim, ela proibiu às irmãs do Loreto que tivessem contato com a obra de Madre Teresa. Essa situação não abalou o trabalho da missionária que continuou amiga e caritativa para com as freiras do Loreto. Com esse exemplo, Madre Teresa nos ensina que um trabalho religioso sério não deve ser interrompido para se discutir coisas menores, picuinhas, críticas vazias, fruto da vaidade ou da simples mediocridade, interpretações maldosas

Jesus de Nazaré e Madre Teresa de Calcutá

e assim por diante. No trabalho de amor ao próximo, a gente fixa uma determinada meta e vai sempre ao encontro dela, com integral confiança em Deus e mais nada.

Assim caminha Madre Teresa, sempre preocupada, mais com o interesse do Cristo do que com a opinião das pessoas. Esta atitude foi amplamente recompensada no dia 7 de outubro de 1950, quando a Santa Sé deu permissão para que a Ordem de Madre Teresa fosse reconhecida. Nesse mesmo dia, em Calcutá, o Arcebispo institui, oficialmente, a Congregação das Irmãs Missionárias de Calcutá cujo objetivo seria matar a sede que Jesus tem pela salvação de almas. A Congregação deveria obedecer aos seguintes votos: Pobreza, Castidade, Obediência e entrega total ao serviço de cuidado dos pobres e desvalidos.

A oficialização da Ordem fez com que houvesse novas adesões e aumentasse consideravelmente a ajuda aos pobres. Já em 1948, ela atendia cerca de 350 crianças e não tendo como acolher os abandonados, elas, ao encontrá-los, os conduziam para hospitais. Assim, em pouco tempo o espaço da rua Lane já não mais comportava as necessidades do grupo. Então, as irmãzinhas oraram muito e o resultado foi uma casa na *Lower Circular Road*. Foi para esta casa que elas se mudaram em 1953, onde permanecem até os dias de hoje.

XI

Vida na Ordem

Como vimos em outra parte deste livro, Madre Teresa durante algum tempo procurou um lugar para ser a sede de sua Ordem até que um católico chamado Michael Gomes ofereceu a ela um dos andares superiores de sua casa enquanto o doador, com a sua família, ficou morando no andar de baixo. Em um primeiro momento, Madre Teresa foi morar sozinha na casa porque era necessário fazer algumas obras no andar de cima. Seu dia de trabalho era cansativo. Levantava bem cedo e trabalhava nas favelas até cinco ou seis horas da tarde, depois voltava para casa dos Gomes a fim de se dedicar à oração e a escrever.

Quando as obras terminaram e uma das alunas do Colégio de Santa Maria foi morar com ela, Madre Teresa lhe deu o nome religioso de Irmã Agnes. Não demorou muito e apareceram outras moças interessadas no trabalho de Madre Teresa, e passaram a acompanhá-la nas suas peregrinações pelas favelas. Seguindo os exemplos dos franciscanos, as irmãs de Madre Teresa costumavam pedir esmolas de porta em porta. A população não era rica, mas sempre lhes dava alguma coisa.

Com a aprovação oficial da Ordem, Madre Teresa necessitava de um lugar definitivo para a sua Ordem. Aconteceu então que um muçulmano, que estava de mudança para o Paquistão, pusera a sua casa à venda. Os padres que negociaram com ele conseguiram que ele vendesse a casa por um preço bastante acessível.

José Carlos Leal

De posse da propriedade, Madre Teresa pôde organizar melhor a Ordem e estabelecer as regras de conduta a que cada freira deveria obedecer. Assim, a vida entre as irmãs de caridade passou a ter a seguinte rotina:

Acordavam todos os dias às 4h30 da manhã, isso de segunda a sábado, por que, aos domingos, o horário era 4h15. Despertas, punham o véu e iam lavar o rosto com água fria em um tanque adredemente preparado para isso. A escovação dos dentes não era feita com dentifrício, mas com as cinzas do forno da cozinha. Tomavam banho e lavavam a roupa em uma tina, um dos pouco pertences que possuíam. O uso da tina não era uma prática apenas das irmãs. Na Índia daquela época, mesmo a classe média tomava banho e lavava suas roupas em uma tina. Os banheiros então, mesmo em uma cidade grande como Calcutá, era um quartinho de tijolos ou de cimento, tendo em uma das paredes uma torneira de água fria e um piso que se inclinava na direção de um ralo. As pessoas se despiam, entravam na tina e se valendo de uma caneca, ou uma concha, jogavam água no corpo. Os pobres tinham de se valer de banheiros públicos para se lavarem ou iam tomar banho nos rios mais próximos.

Depois de fazerem a sua higiene matinal, as irmãs reuniam-se para a atividade da prece, da qual Madre Teresa jamais abria mão. Terminada a prece, havia um pequeno espaço para a prática da meditação, em seguida iam à Missa.

Antes do desjejum tomavam um copo com água e comiam cinco chapatis, um pão típico da culinária indo-portuguesa, muito comum nas colônias lusas na Índia: de Goa, Diu e Damão. Nesse pão era permitido passar um tipo de manteiga clarificada chamada Ghee. Por fim, tomavam uma pílula de vitamina. Esta prática alimentar fazia parte da disciplina da Ordem.

Jesus de Nazaré e Madre Teresa de Calcutá

Exatamente às 7h45 as irmãs saíam para o seu trabalho junto aos pobres e voltavam ao meio-dia para o almoço. Este almoço era muito frugal, uma vez que a Igreja considera como um dos sete pecados capitais a gula. Assim, depois de uma prece de agradecimento pelo alimento, tomavam cinco conchas de sopa de trigo e três pedaços de carne, quando havia.

Findo o almoço, as irmãs se entregavam ao trabalho doméstico, com meia hora de descanso. Mais ou menos entre uma e duas horas tomavam chá em conjunto com dois chapatis secos, depois ouviam leitura espiritual ou as pregações de Madre Teresa ou de padres doutrinadores convidados pela prioresa da ordem. Terminadas as instruções, as moças voltavam a sair para mais três ou quatro horas de trabalho nas favelas. Às 18h voltavam para a sede e se reuniam para a prece e adoração do sacramento. Seguia-se o jantar, composto de arroz e dhal — uma sopa indiana à base de lentilhas e de legumes. Esta refeição era acompanhada de leitura espiritual por dez minutos.

Durante o dia inteiro não podiam falar com pessoa alguma e nem mesmo entre elas, a não ser, naturalmente, sobre assuntos importantes. Não se tratava esta prática de um voto de silêncio, mas de uma disciplina para não se jogar conversa fora, perdendo tempo com banalidades. Sempre que caminhavam pelas ruas desfiavam o rosário em completo silêncio e discrição. As irmãs se descontraíam um pouco na hora de ir para a cama, quando então podiam conversar enquanto consertavam suas roupas pessoais e a roupa de cama.

Madre Teresa exigia que as irmãs falassem apenas em inglês, mesmo entre si, embora a maioria delas fosse de origem indiana e desconhecessem a língua europeia. A razão alegada por Madre Teresa era a necessidade de uma língua comum, uma vez que

José Carlos Leal

muitos são os dialetos falados na Índia e o fato de todo o material religioso usado por elas ser em língua inglesa.

Não se deve imaginar que Madre Teresa fosse uma espécie de líder feroz que impunha a sua disciplina inaciana[41] sem dela participar. Nada disto. Ela se juntava às irmãs nos trabalhos mais duros, demonstrando uma alegria contagiante. Jamais se recusou a realizar as tarefas mais humildes, como a limpeza dos banheiros. Ficava acordada até tarde para realizar suas tarefas e acordava mais cedo do que todas as moças. Conta-se que havia entre as irmãs uma competição sadia para tentar acordar mais cedo que Madre Teresa, mas poucas conseguiram algum sucesso nesta empreitada.

---

[41] N.E.: Alusão a Santo Inácio de Loyola (1491-1556), religioso espanhol, fundador da Companhia de Jesus. Vestia-se com pano de saco, impunha-se rigorosas penitências. Vivia de esmolas, ia à Missa diariamente e foi autor de um guia de meditações sistemáticas (Exercícios espirituais). Costumava visitar o hospital e levar comida para os doentes.

XII

Madre Teresa e as crianças

www.corbis.com.br

Madre Teresa sabia do apreço que Jesus tinha pelas crianças e, se ela possuía como meta imitar Jesus, teria também de ter pelas crianças o mesmo carinho, o mesmo afeto e a mesma atenção que o Nazareno nutria por esses espíritos em início de encarnação. Por este motivo, Madre Teresa decide que deveria criar um projeto que atendesse às crianças. Esse projeto foi concretizado no dia 23 de setembro de 1955 com a criação do primeiro *Shishu Bhavan*, que se traduz em nossa língua por "lar das crianças". Este projeto foi apoiado pelo Dr. B. C. Roy, um médico que exercera, durante muitos anos, a função de Ministro Chefe de Bengala Oriental.

O *Shishu Bhavan* aceitava crianças de todas as idades, sadias ou doentes, as doentes eram tratadas logo assim que chegavam. As crianças mais novas aprendiam rudimentos de gramática e de cálculo e as mais velhas eram conduzidas a um treinamento profissional para que pudessem entender o valor do trabalho e ganhar o próprio sustento. Naquele tempo, um jovem que desejasse um emprego um pouco melhor no comércio ou na indústria deveria aprender datilografa, por isso Madre Teresa fazia as meninas mais velhas aprenderem a datilografar.

José Carlos Leal

A Índia de então não possuía ensino público e assim nas escolas privadas os alunos deveriam pagar. Frente a este problema, Madre Teresa criou um projeto pelo qual pessoas abonadas poderiam patrocinar o estudo de crianças pobres. Este projeto deu muito certo e, em pouco tempo o número de patrocinadores e patrocinados cresceu bastante e várias crianças foram beneficiadas.

Quando as crianças cresciam e estavam prontas para deixar a escola, as irmãs arranjavam emprego para os meninos e casamentos para as meninas. Nesse segundo caso, a irmãs faziam o papel dos pais das moças casadoras. Após a cerimônia de casamento, havia uma recepção bastante simples no espaço do *Shishu Bhavan*. Esta pequena festa de casamento servia para que os noivos fixassem na memória o dia do casamento e ao mesmo tempo cumprissem as promessas feitas um ao outro.

Como boa católica, Madre Teresa não admitia o abortamento. Ela dizia às mulheres que não abortassem e caso não pudessem ou não quisessem cuidar de seus filhos, entregassem eles ao *Sishu Bhavan* que ela os criaria com todo amor. Para ela, as crianças nasciam do amor entre um homem e uma mulher, mas nasciam, principalmente, pela vontade de Deus. O que estava sendo gerado no ventre de uma mulher era um ser vivo, uma obra de Deus e abortar essas vidas era um crime contra a divindade.

Aconteceu, porém, que a primeira ministra da Índia, Indira Gandhi, estando muito preocupada com o crescimento da população indiana e temendo que seu país caminhasse para a superpolução resultando disto a carência de alimentos e de moradia, a epidemia e a poluição, desejava uma política de controle da natalidade na Índia, com o que não concordava Madre Teresa. Houve, então, uma certa tensão entre as duas mulheres. Madre Teresa condenou o programa de controle da natalidade e um

Jesus de Nazaré e Madre Teresa de Calcutá

outro programa análogo, que aconselhava a esterilização voluntária e gratuita das mulheres que não desejassem ter filhos. Madre Teresa por seu turno incentivava as mulheres a ter quantos filhos desejassem.

Mostrando uma certa flexibilidade Madre Teresa treinou suas companheiras no sistema anticoncepcional aprovado pela Igreja, que consistia em contar os dias depois da ovulação. Isso não deu certo porque as mulheres indianas das classes baixas eram tão ignorantes que não sabiam calcular. Madre Teresa então, para facilitar o cálculo, mandou que fossem dados às mulheres colares de contas, mas nem assim elas faziam o cálculo com correção.

Assim, Madre Teresa buscou cuidar das crianças de Jesus do melhor modo que lhe foi possível. Tirando crianças das ruas, alfabetizando-as, dando-lhes amor e carinho, cuidando de suas chagas quando muito machucadas pela vida, ela viveu o verdadeiro Cristianismo e como Jesus ela poderia dizer: "Deixai vir a mim os pequeninos porque deles é o reino dos céus." (*Lucas*, 18:16.)

XIII

Madre Teresa e os hansenianos

Hanseníase, conhecida antigamente como lepra, é uma doença infecciosa de evolução lenta, causada pelo *Mycobacterium leprae* ou bacilo de Hansen.[42] Esta doença se apresenta sob uma dessas três formas: a tuberculosa ou tuberosa, a nervosa ou trofoneurótica e a mista. A primeira é caracterizada pela presença de nódulos ou tuberosidades denominadas lepromas, que crescem, aumentam, confluem, supuram e se ulceram, entretanto, também podem regredir, deixando em seu lugar manchas branco-amareladas no centro e pardacentas na periferia. Na sua segunda forma, notam--se inicialmente erupções penfigoides ou manchas eritematosas, hiperêmicas, hiperonômicas ou acrômicas, com atrofia cutânea ou sem ela e sempre com anestesia, que sucede a um período de hiperestesia.

Além do período de incubação da lepra, que pode durar anos, em virtude de um real letargo do germe, a evolução da doença comporta dois momentos: o da invasão e o do estado. O primeiro, que raramente falta, lembra o período secundário da sífilis ou a fase de germinação de certas tuberculoses. O segundo, que permite diagnosticar a doença, é caracterizado por máculas, bolhas e tubérculos na forma tuberosa e por erupções penfigoides,

---

[42] O nome Bacilo de Hansen deriva do nome de seu descobridor Gerhard Armauer Hansen (1841-1912), médico norueguês que, em 1874, procurou isolar o bacilo da lepra.

José Carlos Leal

perturbação na sensibilidade, lesões nos nervos, perturbações vasomotoras, secretórias, lesões ósseas e das articulações que chegam a verdadeiras mutilações. As formas mistas são mais comuns.[43]

Esta doença é muito antiga. Era conhecida dos judeus do tempos de Moisés, que lhe dava o nome hebraico de *Tsara' Ath*.[44] O nome lepra pelo qual se tornou conhecida é de origem grega. O portador da lepra era considerado maldito e deveria viver em um lugar isolado, fora do acampamento (*Levítico*, 13:43-46), pois se acreditava que o simples contato com um homem que possuísse uma impureza, principalmente a lepra, poderia contaminar aquele que com ele contatasse. Por isso havia regras que determinavam a que distância um leproso poderia ficar de um homem saudável, sem risco para o segundo.

No tempo de Jesus havia um grande número de pessoas que sofriam desta moléstia e que por isso eram estigmatizadas. Esses miseráveis ouvindo falar dos poderes taumatúrgicos de Jesus, vinham a Ele isoladamente ou mesmo em grupo. Jesus se compadecia deles e os curava. Certo dia, quando Jesus percorria a Samaria e a Galileia, dez leprosos vieram ao encontro dele pedindo que fossem curados. Jesus curou os dez e eles foram embora muito felizes pela graça recebida. Apenas um, que era samaritano, voltou para agradecer Jesus (*Lucas*, 17:11-19). Jesus nada disse sobre os nove ingratos. Apenas levantou o samaritano que estava ajoelhado e lhe disse: "Levanta-te, vai, a tua fé te salvou."

---

[43] MAGALHÃES, Álvaro. *Dicionário enciclopédico brasileiro*. Vol. III. p. 2203.

[44] N.E.: O termo hebraico *Tsara' Ath* significava uma condição anormal da pele dos indivíduos, das roupas, ou das casas, que necessitavam de purificação. Segundo o Levítico, o *Tsara' Ath* na pele dos judeus seriam "manchas brancas deprimidas, em que os pelos também se tornavam brancos".

Jesus de Nazaré e Madre Teresa de Calcutá

Nos tempos modernos, a lepra é uma doença do Terceiro Mundo em virtude da falta de higiene e de certos hábitos alimentares, entre outras causas, aparecendo vários casos na África, na Índia e no Brasil. Madre Teresa como Jesus também se interessa pelos leprosos que infestavam Calcutá. Assim, as Missionárias da Caridade desejaram criar uma colônia de leprosos e foi escolhido um terreno para este trabalho, mas o local pertencia à prefeitura, que desejava construir ali moradias populares. Madre Teresa não desanimou e fez uma campanha com o lema: "Toque um leproso com a sua compaixão." Era uma alusão ao medo que as pessoas tinham de tocar um doente de hanseníase. Apoiando a campanha não precisavam tocar com as mãos um doente, mas tocá-lo com o coração, auxiliá-lo, diminuir-lhe a dor.

Como resultado desta campanha, Madre Teresa recebeu uma ambulância que ela transformou em uma espécie de leprosário móvel que iria fazer o atendimento dos doentes que estivessem atirados ao relento ou em suas casas. Vieram outras adesões e as irmãs conseguiram montar um dispensário permanente em 1959. Dos trinta mil doentes de hanseníase que havia em Calcutá foram recolhidos pelas religiosas apenas 1.336, mas já era alguma coisa. Com muito carinho as irmãs cuidavam das chagas daqueles doentes e não mostravam medo de contágio, isso diminuía as dores desses doentes e lhes aumentava as esperanças.

Madre Teresa não acreditava que bastassem os cuidados físicos com os doentes, sendo necessário um projeto de praxiterapia,[45] que lhes devolvesse um certo entusiasmo pela vida. Assim, os leprosos aprenderam a fazer sapatos com retalhos de espumas de borracha e tiras de pneus velhos. Estes sapatos eram para uso próprio, uma vez que andavam descalços, expondo seus ferimentos aos mais

---

[45] Terapia por meio do trabalho.

José Carlos Leal

diversos tipos de contágio. Aprenderam também a tecer e muitos deles passaram a confeccionar as próprias roupas e as bandagens com que cobriam as suas chagas. Para melhorar a situação do dispensário e assegurar o alimento, a comunidade passou a criar gado, cultivar arroz e gergelim. Em razão de seu afastamento da comunidade sadia, os doentes passaram a construir as suas cabanas e administravam seu próprio armazém.

Esse trabalho foi notado pelo governo indiano que doou às irmãs 34 acres de terra para que construíssem um leprosário. A edificação foi feita e passou a ser chamada de Shanti Nagar, que se pode traduzir por "cidade da paz". Naquele mesmo ano, o Papa Paulo VI [Papado: 1963-1978], em suas peregrinações visitando os católicos de todo o mundo, passou pela Índia e naquela oportunidade usou um automóvel da marca Lincoln Continental. Depois de voltar para o Vaticano, o Papa deu para Madre Teresa o carro com o qual percorrera a Índia. Madre Teresa não perdeu tempo e fez uma rifa do automóvel e o dinheiro conseguido ela investiu no novo estabelecimento.

Toda essa tarefa nos faz lembrar que Madre Teresa não era uma pessoa sonhadora, uma nefelibata[46] incapaz de conviver com a realidade. De modo algum. Ela sempre manteve os pés no chão, pois se não fosse assim não realizaria todas as coisas que realizou.

---

[46] Habitante das nuvens, pessoa demasiadamente idealista.

XIV

A nostalgia de Madre Teresa

A palavra nostalgia que tem o sentido muito próximo da palavra portuguesa saudade é formada do grego *nóstos* (retorno ou regresso) + *algis* (dor) + ia – sufixo de substantivos. Assim, nostalgia pode ser definida como: tristeza por se estar longe de nossa pátria ou de alguma coisa de que gostamos muito; vontade de retornar. Em que sentido se pode aplicar esta palavra com relação à Madre Teresa? De nosso ponto de vista, o espírito que, entre nós, ficou conhecido

www.corbis.com.br

como Madre Teresa de Calcutá era um espírito que habitava as mais altas esferas do mundo espiritual, um colaborador direto de Jesus que renasceu para atender a um pedido deste. Isto talvez explique a constância com que ela se refere a uma escuridão que a envolve o tempo todo e um conflito entre a alegria de servir Jesus e a tristeza de estar longe dele. Ela chega a dizer que, dentro dela, existe uma escuridão terrível, como se tudo estivesse morto. Inclusive, vamos lembrar aqui que, segundo a Doutrina Espírita, o espírito evoluído, encarnado em um mundo de pequena evolução como a Terra, faz um sacrifício muito grande para se adaptar às condições fluídicas do planeta e à evolução mortal de seus habitantes

Esse estado interior do sofrimento era tão evidente em Madre Teresa que o Arcebispo notou e se preocupou com ela. Em uma

José Carlos Leal

carta escrita em 20/3/1953, o Arcebispo Périer, tentando entender o porquê de toda aquela ansiedade, achava que ela estava sempre apressada em realizar a sua obra. Em uma carta anterior de Madre Teresa ao Arcebispo, ela fizera menção à sua escuridão e ele responde a ela na carta seguinte e sem esconder uma ponta de irritação, pede que ela seja mais paciente:

> Deus a conduz, cara Madre, a senhora não está tão às escuras quanto pensa. O caminho a seguir poderá não ser sempre imediatamente claro. Reze por luz; não decida com demasiada rapidez, escute o que os outros têm a dizer, leve em consideração suas razões. Sempre encontrará alguma coisa que a ajude. A senhora tem fatos externos suficientes para ver que Deus abençoa o seu trabalho. Portanto, Ele está satisfeito. Guiada pela fé, pela emoção e pela razão, com a intenção a senhora tem o suficiente. Os sentimentos não são necessários e, frequentemente, podem ser enganadores.[47]

Madre Teresa lia isso, nada dizia, mas sabia que não era uma pessoa ansiosa, "com o coração na boca", como diz o povo. O que se passava com ela estava mais na ordem do sentimento do que na ordem das palavras. Tem-se a impressão de que ela de fato sentia a falta de Jesus e, por isso, dizia que a sua alma estava imersa na escuridão. Assim, para ela, Jesus era a luz e a sua ausência, treva. Por outro lado, ela também sabia que estava na Terra em razão do uso pleno de seu livre-arbítrio. Vir à Terra foi uma escolha livre e estava cuidando dos pobres pelo mesmo motivo. Esta certeza, porém, de que trabalhava para Jesus e com Jesus diminuía o seu sofrimento.

---

[47] KOLODIEJCHUK, Brian. *Madre Teresa, venha, seja minha luz*, pág. 160. Editora Thomas Nelson/Ediouro, 2008.

Jesus de Nazaré e Madre Teresa de Calcutá

Nos momentos de maior angústia, ela se dirigia a Jesus dizendo que Ele fizesse o uso que bem entendesse da vida dela. Desse modo, a sua entrega era absoluta, total, ilimitada e só se entregando deste modo é que ela poderia diminuir a escuridão íntima que ela sentia.

Esta aqui é uma questão fundamental para esse estudo: qual seria a função do amor de Jesus na vida de Teresa? Sem dúvida alguma a função do amor na vida, não só de Madre Teresa, mas também de qualquer pessoa é preencher os espaços existentes em nossos corações. Desse ponto de vista, o amor é o alimento das almas. A alma privada de amor é uma alma privada de alimento, uma alma faminta é dominada pelo ódio em alguns casos e pela indiferença em outros. Madre Teresa tinha a alma plena e saciada de amor por Jesus, entretanto, este amor que centralizava-se em Jesus se desviava para os sofredores e se tornava concreto aos nossos olhos.

Em certo momento de profunda angústia ela diz: "Dentro de mim tudo é frio como gelo. É só aquela fé cega que me sustenta porque na realidade tudo é para mim escuridão. Desde que Nosso Senhor tenha todo o deleite, eu não conto para nada." Observe o leitor como Madre Teresa deseja anular-se para ressaltar a pessoa de Jesus. Ela não está interessada em ser feliz, mas em, ingenuamente, imaginar que pode fazer Jesus feliz. Esta é a compensação de sua tristeza por estar afastada da claridade do Cristo.

Em uma carta escrita ao Arcebispo Périer, em 17/11/1956, ela fala desse amor que a abrasa acima de qualquer outra coisa: "Quanto a mim, há um único desejo, amar a Deus como ele jamais foi amado, com um profundo amor pessoal. No meu coração parece não haver mais nada exceto Ele. Nenhum outro amor senão o Dele: as ruas de Kalighat, as favelas e as irmãs tornaram-se lugares onde Ele vive a sua própria vida de amor por inteiro.

José Carlos Leal

Reze, por mim, Excelência, para que realmente haja apenas Jesus em mim."

A própria Madre Teresa tem consciência de que esse modo de amar envolve uma profunda contradição, como fica bastante claro nesta passagem: "Há tanta contradição dentro de minha alma — um anseio tão profundo por Deus —, tão profundo e doloroso, um sofrimento contínuo de não ser querida por Deus, repelida, vazia, sem fé, sem amor, sem zelo. As almas não atraem, o Céu nada significa, para mim parece um lugar vazio, a ideia de Céu nada significa para mim e contudo esse anseio torturante por Deus."[48]

Esse texto deve ter para nós um interesse todo especial pelo fato de ela negar a importância de um conceito fundamental do Catolicismo: a ideia de céu. A nós parece que Madre Teresa repelia ideia do céu por causa do estado de contemplação da divindade, uma atitude que não combinava com a personalidade dinâmica de Madre Teresa. Para ela, viver é lutar, viver é participar, viver é amar, mas viver não é contemplar. Vamos lembrar uma frase dela que colocamos no frontispício desse trabalho, que resume muito bem o nosso ponto de vista: "Se eu alguma vez vier a ser santa, serei certamente uma santa da escuridão. Estarei continuamente ausente do Céu para acender a luz daqueles que se encontram na escuridão da Terra."

---

[48] Carta de Madre Teresa ao Arcebispo Périer.

XV

As dúvidas e conflitos de Madre Teresa

Muitas pessoas podem imaginar que Madre Teresa fosse um espírito tranquilo e pacificado, que no seu interior reinasse a luz e a paz, contudo não era bem assim que Teresa sentia-se por dentro. Em uma carta que ela dirige ao próprio Jesus, seu conteúdo é, ao mesmo tempo, uma prece e uma confissão, ela revela o seu conflito interior. Vamos conhecer e examinar este texto precioso, escrito quando Madre Teresa estava com 49 anos.

Parte de minha confissão de hoje

"Meu Jesus, desde minha infância que me chamaste e me guardaste para ser Tua — e agora ambos tomamos a mesma estrada — agora Jesus eu vou no sentido errado. Dizem que as pessoas no inferno sofrem uma dor interna devida à perda de Deus, que não passariam por todo esse sofrimento se apenas tivessem uma pequena esperança de possuir a Deus. Na minha alma sinto justamente essa dor terrível da perda — de Deus não me querer — de Deus não ser Deus — de Deus não existir realmente (Jesus, por favor, perdoa a minha blasfêmia, disseram-me que escrevesse tudo). Esta escuridão me rodeia por todos os lados, não posso elevar minha alma para Deus, nem luz nem inspiração alguma entram na minha alma. Falo do amor pelas almas, de um terno amor a Deus, as palavras passam por minhas palavras [*sic* lábios] e eu anseio, com uma ânsia profunda, acreditar nelas.

José Carlos Leal

> Para que trabalho? Se não houver Deus, não pode haver almas. Se não houver almas, então Jesus Tu também não és verdade. O Céu, que vazio, nem um só pensamento do Céu entra em minha alma, pois não há esperanças. Tenho medo de escrever todas essas coisas que me passam pela alma, devem magoar-te."

Vamos examinar este primeiro parágrafo da carta. Em primeiro lugar com a expressão: "vou no sentido errado", fica claro que ela tem os pensamentos que vai expor há muito tempo e que esses pensamentos a incomodam. Desse ponto de vista, a carta toma o caráter de uma confissão em que ela é a alma em pecado e Jesus, o sacerdote.

Em seguida, ao se referir ao inferno, ela indetermina o sujeito usando o verbo na terceira pessoa do plural: "dizem". Com isso ela diminui a credibilidade do que está dizendo sobre o inferno e emite uma opinião não tradicional ao dizer que no inferno as pessoas não sofrem em fogo, enxofre, repteis nojentos que lhe envolvem o corpo ou caldeirões de água fervente; mas o seu sofrimento deriva da ausência de Deus, o que coincide com uma definição nova de inferno, ou seja, estado da alma sem Deus. Continuando ela faz uma frase ainda mais radical: "Deus pode não ser Deus" e ao dizer isso logo procura se recompor, pedindo perdão a Jesus pela blasfêmia dita. Logo à frente ela faz um silogismo hipotético muito interessante:

'Ou Deus existe e as almas existem;

Ou Deus não existe e alma também não existe;

Ora, se as almas não existem, logo, Jesus também não existe.'

No final dessa palavra, Madre Teresa faz um discurso muito semelhante ao Existencialismo de Jean Paul Sartre,[49] que gera a ideia de que os valores religiosos são absurdos e a vida não tem sentido. Continuemos, porém, com o texto de Madre Teresa:

> "No meu coração não há fé, nem amor, nem confiança, há tanta dor, a dor do anseio, a dor de não ser querida. Quero a Deus com todas as forças de minha alma, porém, aí entre nós há esta separação terrível. Não rezo mais, pronuncio palavras das orações da comunidade, e tento tudo o que posso para obter de cada palavra a doçura que ela tem para dar. Mas a minha oração de união não está mais lá. Já não rezo mais. Minha alma já não é uma Contigo, contudo, quando sozinha pelas ruas, falo Contigo horas de meu anseio por Ti. Quão íntimas são essas palavras e, no entanto, tão vazias, pois me deixam longe de Ti."

Madre Teresa sofre da sensação de desamparo ou de orfandade. Ao mesmo tempo em que ela diz que seu coração não tem amor, ela diz que ama a Deus. Não consegue nem mesmo orar no sentido mais puro desta palavra, apenas repete as orações da comunidade, discursos vazios, mas a oração repleta de emoção e de fé ela não mais consegue rezar. Diz, porém, que ao caminhar sozinha conversa com Deus e quanto mais conversa, mais longe se sente de Jesus. Não temos nenhuma explicação clara e definitiva para esse comportamento, a não ser a nostalgia de Jesus que ela

---

[49] N.E.: (1905-1980) filósofo e escritor francês. A sua filosofia compreende duas fases: a primeira, existencialista, considera a liberdade como fundamento do homem (*O ser e o nada*, 1943); a segunda inspira-se no materialismo dialético e preconiza o compromisso como único comportamento autêntico (*Crítica da razão dialética*, 1960).

José Carlos Leal

sente sem saber a origem, em virtude da cortina de esquecimento que nos cobre a memória em cada encarnação.

"O trabalho não contém alegria, nem atrativos, nem zelo. Lembro-me de dizer à Madre Provincial que saía de Loreto pelas almas, por uma única alma, mas ela não podia entender as minhas palavras. Faço o melhor que posso. Me consumo, mas estou mais convencida de que a obra não é minha. Não duvido de que foste Tu que me chamaste, com tanto amor e com tanta força. Foste Tu. Eu sei. É por isso que a obra é Tua. Mas não tenho fé, não acredito. Jesus não permita que a minha alma seja enganada e não permitas que eu engane ninguém

No chamado disseste que eu tinha de sofrer muito. Dez anos, meu Jesus. Fizeste comigo segundo a Tua vontade. Jesus ouve a minha oração. Se isso Te agrada. Se a minha dor e o meu sofrimento, a minha escuridão, a minha separação, Te dão uma gota de consolo, meu Jesus, faz comigo o que quiseres, sem sequer um olhar para os meus sofrimentos e minha dor. Sou Tua. Imprime na minha alma e na minha vida os sofrimentos do Teu coração. Não Te importes com os meus sentimentos. Não te importes sequer com a minha dor. Se a minha separação de Ti levar outros a Ti, e no seu amor e na sua companhia Tu encontrares alegria e agrado, estou disposta com todo o meu coração a sofrer tudo o que sofro, não apenas agora, mas para toda e Eternidade, se tal for possível. Tua felicidade é tudo o que eu quero. Quanto ao resto, por favor, não te incomodes, mesmo que me veja desmaiar de dor. Tudo isso é a minha vontade. Quero saciar a Tua sede com cada gota de sangue que possa encontrar em mim. Não me permitas fazer-Te mal de maneira alguma, tira de mim o poder de Te magoar. De alma e coração trabalharei pelas irmãs porque são Tuas. Cada uma e todas elas são Tuas.

Imploro-Te apenas uma coisa, por favor, não Te incomodes em regressar depressa. Estou disposta a esperar por Ti para toda a eternidade.

A Tua pequenina"[50]

A leitura deste texto nos leva à conclusão de que o seu tom distancia-se do ágape e passa ao amor erótico que segundo Erich Fromm,[51] une o que está separado. No caso de Madre Teresa e de outros místicos, a união necessária nesse tipo de amor é frustrada, pois o amante não estando materialmente presente não pode haver a união desejada. Assim a carga da energia libidinal que parte do amante para o amado, não encontrando o objeto a que esta energia se destina, volta para o remetente, causando-lhe profunda dor. Daí frases de conteúdo sadomasoquista como: "Não te importes com os meus sentimentos ou não te importes com a minha dor, estou disposta a sofrer tudo o que eu sofro", e muitas outras que podem ser colhidas no texto estudado. Por fim, no caso de Madre Teresa este amor foi projetado nos pobres e desvalidos como uma representação de Jesus.

---

[50] Carta de Madre Teresa a Jesus, anexada a carta para o Padre Picachi, em três de setembro de 1959.

[51] (1900-1980), psicanalista estado-unidense. *A Arte de Amar*. p. 63.

XVI

As pedras no caminho

Neste capítulo vamos discutir os sofrimentos de Madre Teresa em virtude do ataque de seus inimigos contra ela e sua obra e de não ter podido ver seus pais com vida. Vamos começar, porém, com o caso das agressões injustas. Um dos seus críticos, o mais ferrenho e injusto, chamado Cristopher Hitchens, em seu livro intitulado *The Missionary Position: Mother Teresa in Theory and Practice* escreveu sobre ela o seguinte:

> Madre Teresa aproveita o sofrimento dos pobres para arrecadar fundos para a sua "Congregação Missionária" e mantém um relacionamento favorável à sua instituição com figuras como Jean Claude Duvalier[52] e o economista Charles Keating, que foi responsável pelo roubo de dezessete mil investidores, numa quantia levantada de 250 milhões de dólares, sendo doada à Madre Teresa a importância de 1,5 milhão de dólares. O que causou admiração aos que assistiram a esta doação foi o fato de Madre Teresa nada ter questionado a respeito de tão grande oferta e a sua origem, apenas agradeceu.[53]

---

[52] N.E.: Nascido em 1951, mais conhecido como Baby Doc, é um ex-ditador do Haiti, tendo sucedido seu pai, François Duvalier, no posto de presidente da República. Em 1957, François Duvalier, o Papa-Doc, assumiu a presidência e implantou um regime de terror que durou até sua morte, em 1971. O terrorismo político continuou sob o comando de Jean Claude Duvalier.

[53] *In Seareiros*, órgão divulgador do Núcleo de Estudos Amor e Esperança.

José Carlos Leal

Vamos ver mais de perto o caso do economista corrupto. Àquela época, o nome de Madre Teresa era respeitável em grande parte do mundo e um empreendimento ou mesmo uma pessoa por ela apoiada gozaria de muita respeitabilidade. Outro aspecto que não se deve deixar de lado neste caso é o sonho que Madre Teresa nutria com respeito à fundação da Cidade da Paz, uma instituição que teria por finalidade receber crianças abandonadas. Ela, contudo, não tinha dinheiro para realizar o seu desejo, pois a quantia era muito alta. Aproveitando-se disto, o economista foi até a congregação acompanhado de repórteres que testemunhariam a doação. Ele fez a proposta de doar uma certa quantia à religiosa, mas esta disse não sem vacilar.

Charles Keating ficou frustrado, mas não desanimou. Imediatamente comprou o terreno e deu início à construção da Cidade da Paz. Tempos depois, Madre Teresa recebeu a visita de um homem muito bem vestido, portando uma pasta e mostrou a Madre Teresa a escritura do terreno, afirmando que as obras já haviam iniciado. Teresa ficou espantada, pois realmente não esperava que tal coisa acontecesse ou mesmo fosse possível em um espaço de tempo tão curto, Ficou por algum tempo olhando o homem sem saber o que fazer nem mesmo dizer. O visitante sorridente insistia com ela para que fosse ver o seu sonho se realizando concretamente. Madre Teresa pediu, então, que o homem esperasse um pouco. O homem concordou e ela chamando uma de suas colaboradores pediu-lhe que fosse chamar o Padre Exem, o seu diretor espiritual.

O padre veio e, ao ser inteirado do que acontecia, ficou preocupado e aconselhou cautela. Madre Teresa, por um lado estava satisfeita com o andar dos acontecimentos, pois seu sonho estava sendo realizado, mas, por outro participava da apreensão do Padre Exem. Só se acalmou, quando se lembrou de sua ideia-tema:

Jesus de Nazaré e Madre Teresa de Calcutá

Deus escreve certo por linha tortas; quem somos nós para julgar os métodos empregados por Deus? Por esse pensamento, ela permitiu que a obra continuasse. Dias depois, compareceu à Cidade da Paz um fiscal de obras públicas que entregou a ela um documento que embargava a obra. Madre Teresa ficou pálida e trêmula. O que fez que o Padre Exem pedisse a ela que se acalmasse e confiasse em Deus, pois temia pela saúde dela que já estava frágil.

O caso foi parar na polícia e Madre Teresa amparada pelo Padre Julien e o seu confessor, o Padre Exem, compareceu diante do delegado da comarca de Calcutá. A autoridade pediu que ela explicasse a origem do dinheiro para comprar o terreno e começar a obra. O Padre Julien se adiantou e mostrou a documentação que ele possuía, porém, foi fácil aos peritos presentes mostrar que o documento era falso. O dinheiro dado à Madre Teresa era, de fato, resultado do roubo que Charles Keating havia praticado contra os seus investidores. Frente a esta revelação, Madre Teresa desmaiou e foi levada apara o hospital pelos padres que a acompanhavam.

O Padre Van Exem empenhou-se ao máximo para provar que Madre Teresa havia sido enganada por pessoas inescrupulosas. Não foi difícil provar esta tese, pois ela expressava a mais lídima e completa verdade. Madre Teresa talvez houvesse se esquecido das palavras do Evangelho sobre a mansuetude das pombas e a prudência das serpentes. Nesse momento, o povo indiano, reconhecido pelos muitos serviços prestado pela freira cerraram fileiras junto dela para que a obra da Cidade de Paz não parasse Assim, em 1964, a obra de Madre Teresa se completou graças à tenacidade dela e o amparo da espiritualidade.

Um outro caso também de grande repercussão foi o seguinte: Havia na TV inglesa um programa de massa que se intitulava *Hells's Angel* (Anjo do Inferno). Em um desses programas, exibido

José Carlos Leal

no mês de novembro de 1994, o nosso já conhecido Cristopher Hitchens, que parecia detestar Madre Teresa, fez severas críticas a ela. As críticas de Hitchens eram, praticamente, as mesmas do livro a que já fizemos referência. Ele a acusava de atraso intelectual por condenar o abortamento, de fazer mau uso do dinheiro recebido em doações e de praticar um tratamento médico discutível, feito por ela e pelas irmãs da caridade; por fim, condenava as relações entre ela e o ditador do Haiti, Jean Claude Duvalier.

Durante o programa, "choveram telefonemas" de admiradores de Madre Teresa que contestavam com veemência as acusações feitas. Muitos ligaram para *The Independent Television Comission* pedindo a volta da censura nos casos de programas como aquele, contudo, a entidade, sob o argumento da necessidade de garantir a liberdade de expressão, não levou em consideração esses pedidos.

Madre Teresa mostrou-se incapaz de entender o porquê lhe faziam aquelas críticas. Afinal, ela estava fazendo um trabalho pelos pobres da Índia, tarefa que lhe fora confiada pelo próprio Jesus Cristo. Ela, então, perguntava a seus amigos: "Por que eles fazem essas coisas comigo?" Foi dado a ela o direito de resposta, mas ela não respondeu aos ataques e em lugar disto, seguindo o exemplo de Jesus, perdoou os seus agressores. Esta atitude aumentou a simpatia do público por Madre Teresa.

No mesmo ano surgiu um outro crítico, este bem mais moderado que o primeiro. Tratava-se de um médico chamado Robin Fox que, escrevendo para um conhecido jornal de Medicina, intitulado *Lancet*. Nesse texto, ele denunciava a precariedade dos cuidados médicos ministrados aos moribundos abrigados nas instalações da Ordem que Madre Teresa dirigia. Uma outra acusação

Jesus de Nazaré e Madre Teresa de Calcutá

referia-se às agulhas descartáveis que eram reutilizadas sem serem esterilizadas. Além disto, os pacientes que sofriam dores eram medicados com analgésicos inadequados.

Todas essas críticas, muitas delas pertinentes, atingiam a sensibilidade de Madre Teresa, mas não a faziam desanimar. Elas apenas fazia o bem como sabia e como podia. Não era médica, nem enfermeira e nem mesmo assistente social, era uma simples freira que se esforçava por amar ao próximo de toda a sua alma e de todo o seu coração. Não fora isto que Jesus pediu, não só a ela, mas a todos nós que nos dizemos cristãos? Não podia cruzar os braços e deixar para lá uma pessoa caída, uma criança com fome, uma mulher cheia de dores, um homem que não tinha onde morrer a não ser um canto infecto de um beco de rua. Quando encontrava alguém sofrendo muito não perguntava se estava qualificada ou não para atendê-lo, mas pensava apenas: o que eu posso fazer por esta pessoa, pois é um irmão, um filho de Deus que necessita de ajuda.

Quanto às doações a resposta era simples: ela estava com urgência de fazer o bem e o dinheiro no sistema capitalista é o fundamento de tudo, como nos sugere o nome capitalismo, que deriva de capital, entretanto, o dinheiro, em si mesmo, não é bom nem mau, depende do modo como o utilizamos. Assim, não existe dinheiro sujo ou dinheiro limpo, mas pessoas sujas, inescrupulosas, corruptas, que aplicam o dinheiro para o mal e pessoas honestas que fazem uso moralizado de suas posses. O faminto, entretanto, não pergunta de onde vem o dinheiro que lhe mata a fome nem o chagado questiona se o remédio que lhe diminui as suas dores é sujo ou limpo.

O que se pode dizer com toda a certeza é que Madre Teresa era uma pessoa honestíssima, que jamais se locupletou das doações

José Carlos Leal

que lhe chegaram. Morreu pobre, seguindo o ideal da pobreza franciscana, o que aconteceu com outros espíritos do mesmo naipe, que deixaram esta vida em total pobreza, como Mahatma Gandhi e Francisco Cândido Xavier.

Vamos agora chamar a atenção para uma outra grande dor de Madre Teresa, a causa era a sua relação familiar que ela teve de renunciar para atender o chamado do Alto. À época, a família dela vivia na Albânia sob o império de uma ditadura inflexível. Madre Teresa não via seus pais nem seus irmãos desde o dia em que deixara a sua casa para ir servir entre as irmãs do Loreto e a saudade era grande. Drana, a mãe de Madre Teresa, pediu ao governo albanês permissão para ir à Itália, a fim de ver seu filho Lazar que ali residia, mas o governo negou-lhe a permissão. Ao saber do que acontecia à sua mãe, Madre Teresa sofreu muito, mas não perdeu a fé em Deus. No auge de sua dor, ela disse: "Minha mãe e minha irmã estão ainda em Tirana.[54] Só Deus sabe o porquê precisam sofrer tanto. Mas seus sacrifícios e preces me amparam em meu trabalho. Tudo é para a maior glória de Deus."[55]

À medida que a saudade crescia, Madre Teresa pensou em ir à Albânia visitar sua mãe, mas foi aconselhada a não ir, pois diziam que ela poderia entrar facilmente naquele país, mas dificilmente sairia de lá. Como estava muito ocupada com seus trabalhos, ela resolveu desistir. O tempo passou, em 1972 ela soube que sua mãe morrera na Albânia, no dia 12 de julho daquele ano. Em 1973, morreu também a sua irmã Aga e, por fim, Lazar desencarnou vítima de câncer em 1981.

Aqueles eram tempos difíceis, pois a asa negra da tragédia voltou a rondar Madre Teresa. Em uma visita a uma casa da Ordem

---

[54] Capital da Albânia.

[55] DUCHANE, Sangeet. *O Pequeno Livro de Madre Teresa.* p. 117.

Jesus de Nazaré e Madre Teresa de Calcutá

na África (Tanzânia), tudo ia muito bem e Madre Teresa muito alegre pôs os pés em solo africano. Quando, porém, ao avião se preparava para decolar teve uma pane, o piloto perdeu o controle e o aeroplano foi na direção do grupo de pessoas que tinham vindo para recebê-la e que permaneciam ao lado da pista. Três crianças, uma Irmã e a diretora do leprosário foram mortas.

Em 1966, duas madres superioras da Ordem morreram em um desastre de carro em Nova Iorque. Era mais um rude golpe na alma sensível de Madre Teresa, mas ela atribuiu todos esses incidentes trágicos à vontade de Deus. Ela via sempre a morte de um modo muito particular e costumava dizer aos internos desenganados da casa dos moribundos: hoje é um belo dia para subir ao céu.

XVII
Madre Teresa e a Igreja Católica

www.corbis.com.br

Madre Teresa era o que se poderia chamar de um espírito católico apostólico romano, no melhor sentido que essa expressão possa possuir. Ela acreditava que a Igreja Católica havia sido fundada pelo próprio Deus na pessoa de seu filho, também Deus, Deus filho, Jesus Cristo. Em todas as questões polêmicas ou dogmáticas, defendidas pela Igreja, ela cerrava fileiras ao lado de sua religião. A Igreja, na opinião dela, era dirigida pelo próprio Deus, mas com a gerência do Papa, o seu vigário,[56] e Deus jamais erra.

No dia 25 de novembro de 1961, reuniu-se o Concílio Vaticano I, convocado por João XXIII [Papado: 1958-1963], que tentava lançar alguns ares de modernidade, embora muito brandos, sobre a estrutura rígida da Igreja. Embora respeitasse as decisões do Concílio, Madre Teresa jamais concordou com padres "modernos", que não se paramentavam para as Missas ou sacerdotes que usavam trajes leigos fora da Igreja e freiras que saíam às ruas vestindo-se

---

[56] A palavra vigário deriva do latim *vicarĭum* e significa "aquele que fica em lugar de, substituto". Assim, o Papa por ser Vigário de Deus ocupa na Terra a função da divindade.

José Carlos Leal

como leigas. Quando perguntavam a ela sobre o sári indiano que ela e as irmãs de caridade vestiam, ela explicava que os sáris eram um uniforme de trabalho e não um hábito.

Os protestantes sempre defenderam a tese de que todo o culto cristão deveria estar dirigido a apenas uma pessoa: Jesus. Fora dele nem um outro personagem dos evangelhos deveria ser cultuado. Os católicos, porém, veneram e cultuam a Virgem Maria, a qual eles dão o *status* de Mãe de Deus. Madre Teresa tinha essa mesma concepção das Virgem de Nazaré. Por isso, quando ela percebeu que alguns padres e mesmo teólogos tendiam a diminuir a importância das mãe de Jesus, ela foi veementemente contrária a esta posição.

Ela aceitava também sem a menor discussão ou atitude crítica, o dogma da infalibilidade papal, por isso ela jamais criticava as decisões do sucessor de São Pedro, fossem elas quais fossem. Por esse motivo ela sempre foi contrária ao controle da natalidade e ao abortamento. É bem provável — comenta um de seus biógrafos — que se ela vivesse no tempo de Galileu Galilei (1664-1642) e se envolvesse na disputa entre o físico e o Papa ela ficaria ao lado do segundo porque, para ela, a verdadeira fé implicava na obediência cega às autoridades eclesiásticas e entre a teologia do Vaticano e o progresso social e científico ela ficava com a sua Igreja.

Esta é a razão por que ela foi tão radical na questão do controle da natalidade e do abortamento, os quais ela não aceitava nem mesmo nos casos previstos por lei, como: o estupro, o risco de morte da gestante e a má-formação do feto. Esta maneira de ver o problema era a mesma defendida, diversas vezes, pelo Papa João Paulo II [Papado: 1978-2005].

É natural que os grupos de mulheres feministas não vissem com simpatia o discursos de Madre Teresa. Assim, no ano de

112

Jesus de Nazaré e Madre Teresa de Calcutá

1975, ela compareceu na cidade do México para participar da Conferência Anual das Mulheres. Talvez o convite tivesse por objetivo intimidar Madre Teresa, já que muitas feministas estavam lá. Ela, entretanto, não cedia a nenhuma forma de pressão e ao chegar ao encontro, tomando a palavra, defendeu a posição tradicional: Lugar de mulher é no lar e de homem, na rua. Ela não via isso como machismo, mas como uma prova de amor que as mulheres deveriam dar. Na opinião dela, a função da mulher era garantir a estabilidade da família, educando o filhos e auxiliando seus maridos. Sobre estas questão vamos ver as palavras da própria Madre Teresa:

"O amor começa no lar. Se uma mulher cumpre o seu papel no lar, a paz reinará no mundo. Na mulher existe algo de que o homem não pode se apropriar: o poder de gerar filhos, amar os semelhantes e não só a si mesmas. O amor da mulher comum sustenta o mundo."[57]

Todas as religiões possuem duas facções ou grupos bem nítidos: os conservadores e o progressistas. Essas tendências, às vezes, criam disputas que podem produzir "rachas" na Igreja, como foi o caso de Martinho Lutero[58] e dos outros reformistas. Madre Teresa, por certo, se alistava entre os conservadores, ou seja, aqueles que não desejam mudanças na Igreja. Ela, por exemplo, não aceitava de

---

[57] DUCHANE, Sangeet. *O Pequeno Livro de Madre Teresa.* p. 128.

[58] N.E.: (1483-1546) teólogo e reformador alemão. Monge agostiniano obcecado com a ideia da salvação. Doutor em teologia, professor da universidade de Wittenberg, comentou, a partir de 1515, as epístolas de Paulo. Com base na doutrina pauliniana da justificação pela fé, ergueu-se contra o princípio das indulgências em suas 95 teses (1517), tidas como o ponto de partida da Reforma. Contraiu núpcias (1525) e consagrou o resto da vida à defesa de sua obra. Lutou ao mesmo tempo contra o catolicismo, as revoltas sociais (guerra dos Camponeses), os desvios dos iluminados e dos anabatistas, e aqueles que deram à sua reforma uma nova orientação.

José Carlos Leal

forma alguma que uma mulher exercesse o sacerdócio e pudesse rezar Missa ou dar comunhão. O seu principal argumento para negar esta possibilidade era o fato de que Maria de Nazaré, a mãe do próprio Deus, jamais desejou se sacerdotisa e nenhuma outra mulher estaria tão qualificada para a função quanto ela.

A atitude de Madre Teresa com relação à mulher não para por aqui. Sabendo que as freiras da cidade de São Francisco, nos Estados Unidos da América do Norte, se mostravam um tanto rebeldes, ela fez uma carta ao arcebispo daquela cidade, John Quinn, pedindo a ele que aconselhasse as suas freiras no sentido de serem mais obedientes ao Papa. Esta carta foi parar na imprensa e causou um profundo mal-estar entre as freiras daquela cidade estado-unidense.

Não se deve encarar esse conservadorismo de Madre Teresa como um defeito, muito pelo contrário, era uma virtude. Não se entra no trabalho cristão pela metade, ou nos damos por inteiro ou não vale a pena nem começar. O trabalho do Cristo exige lealdade, fidelidade ao bem e ela foi fiel ao compromisso que assumira quando fizera seus votos e quando as vozes lhe disseram que deveria cuidar dos pobres. Era católica e decidiu que o seria do melhor modo possível e isso ela conseguiu sem sombra de dúvida.

XVIII

A morte de Madre Teresa

Madre Teresa, desde a sua infância, jamais gozou de boa saúde. Vamos ouvir sobre isto um texto de Sangeet Duchane: Agnes não era uma menina saudável; sofria de malária, um de seus pés era disforme e contraía frequentes infecções pulmonares. Todos os anos, muitos membros da comunidade, inclusive as pessoas não católicas faziam uma peregrinação ao santuário de Nossa Senhora de Letnice, nas encostas da Montanha Negra de Skopje. Drana, sua mãe, costumava dispor as coisas de modo a permitir que Agnes passasse lá um tempo extra por causa de sua saúde delicada.[59]

Apesar de sua saúde, frágil Madre Teresa, em virtude da necessidade de realizar o seu trabalho, foi amparada pela Espiritualidade Maior, pois muitas vezes teve graves problemas de saúde durante o seu ministério. O primeiro acontecimento grave foi um acidente de automóvel. Ela viajava de carro em 1964, quando em uma batida ou em uma freada brusca ela foi lançada para frente e bateu a cabeça no painel metálico. Teve que levar dezenove pontos no local. Os médicos desejavam que ela ficasse internada para completar a recuperação. Logo, porém, que ela soube que o hospital era particular e cobraria um preço muito alto para cuidar dela, ela saiu e foi para a casa das Missionárias da Caridade com o intuito de se recuperar sem onerar ninguém. Se Deus quisesse que ela superasse aquela quadra difícil, Ele a ajudaria.

---

[59] DUCHANE, Sangeet. *O Pequeno Livro de Madre Teresa*. p. 16.

José Carlos Leal

Em 1983, quando dormia no Convento da Ordem, em Roma, caiu da cama e quebrou o pé, acabou sendo internada. Um dos médicos que a atendeu disse a ela: "Sabe, Madre, se a senhora não tivesse caído e machucado o pé, sendo obrigada a repousar um pouco, teria tido um ataque cardíaco." A lição que Madre Teresa tirou deste acontecimento foi interessante. Ela concluiu que foi seu anjo da guarda (guia espiritual) que, para protegê-la, derrubou-a da cama para que descansasse e recebesse os cuidados médicos de que necessitava. Por certo, ela não estava muito longe da verdade. Os médicos disseram a ela que não se preocupasse com as dores do trauma porque eles lhe dariam analgésicos. Ela se recusou a tomar os remédios que eliminassem a dor, explicando que o seu desejo era oferecer a Deus os seus sofrimentos. Depois da alta, continuou a trabalhar, embora a sua pressão, às vezes, subisse consideravelmente. Continuava a ser a primeira a se levantar e a última a se recolher.

Sete anos depois da queda em que fraturou o pé, ela voltou a ter problemas cardíacos, chegando a ser hospitalizada com angina do peito e malária. O médico lhe disse: "Irmã, a Senhora tem que cuidar de seu corpo, já está com oitenta anos. Tem que reduzir a sua carga de trabalho." Liberada, quinze dias voltou ao hospital com outra crise cardíaca e tiveram que lhe implantar um marca-passo. Sai do hospital para voltar no ano seguinte, vítima de uma forte pneumonia que lhe causou um outro ataque do coração. Teve então que fazer, em um hospital de San Diego [EUA], uma angioplastia para desobstruir algumas artérias lesadas severamente.

A esta altura, a fragilidade orgânica forçou Madre Teresa a deixar o cargo de prioresa da Ordem. Aconteceu, porém, que houve uma séria disputa para ver quem ocuparia o lugar que ficara vago, diante disso, ela retomou as suas funções, mesmo sabendo que corria risco de morte.

Jesus de Nazaré e Madre Teresa de Calcutá

As provações de Madre Teresa, contudo, estavam ainda bem longe de terminar. Estando em Nova Delhi, na Índia, teve malária e congestão pulmonar de novo, tendo de ser internada na unidade coronariana, onde se descobriu um novo vaso enfartado. Fez-se uma cirurgia para limpar o vaso doente. Comemorou seus oitenta e três anos internada, mas voltou no ano seguinte para tratar de um novo vaso obstruído.

Como se estivesse sendo experimentada em sua fé. Em 1996, teve uma nova queda da cama e fraturou um osso do quadril e o que é pior, poucos meses depois, fraturou o tornozelo. Ainda convalescendo, teve uma febre altíssima que a levou a ser internada, tendo que respirar por meio de aparelhos. No hospital e fora dele, as pessoas temendo por sua vida oraram por seu restabelecimento. Certamente, em virtude das muitas preces, a ajuda do Alto veio e insistiu em receber alta, pois tinha muito a fazer ainda. Obteve a alta, mas voltou dez dias depois por causa de uma nova queda. Foi feito nela, nessa oportunidade, um eletroencefalograma e descobriu-se a existência de uma espécie de sombra em seu cérebro. Os médicos acharam que, naquele caso, não tinham muito a fazer e a liberaram. Voltando para a casa, passou a sentir dores no peito e rendeu-se ao fato de que não mais podia continuar à frente da Ordem. A irmã Nirmala ocupou o seu lugar.

Há um fato que poucos sabem sobre Madre Teresa porque correu em relativo segredo até 2003. O caso foi o seguinte: em 1997, ela estava hospitalizada em Calcutá e com ela também estava hospitalizado o Arcebispo daquela cidade por nome Henry d'Sousa. O médico de ambos era o mesmo. Henry, então, teve a oportunidade de observar que Madre Teresa passava os dias tranquilamente, porém, à noite tinha crises, chegando mesmo a arrancar os fios da monitoração. O Arcebispo, então, imaginou que ela estivesse sendo possuída por um espírito maligno. No dia

José Carlos Leal

seguinte, vendo que Madre Teresa estava mais calma, ele perguntou a ela se não desejava ser exorcizada. Católica como era, Madre Teresa acreditava no demônio e no valor do exorcismo e, na sua humildade, aceitava que era possível que o demônio a estivesse perturbando, por que não? seria ela uma pessoa tão especial que estava isenta da influência dos maus espíritos? Por certo que não. Assim, ela aceitou pacificamente ser exorcizada. O Arcebispo convocou um sacerdote de Calcutá para realizar a cerimônia e ele, embora constrangido, aceitou.

A última ação e as últimas palavras de Madre Teresa aconteceram por ocasião da morte da princesa Diana, de quem ela era muito amiga por causa do interesse que ambas possuíam pelas pessoas pobres. Em um dia de sexta-feira, 5 de setembro de 1997, um dia antes do funeral da princesa Diana, o coração de Madre Teresa bateu pela última vez. Assim terminava uma das mais belas vidas do século XX, uma vida dedicada a servir ao Cristo não no claustro de um convento, mas nas ruas de Calcutá, onde ela se encontrava com Jesus todos os dias nas pessoas que sofriam.

Embora esse muito provavelmente não fosse o gosto de Madre Teresa, ela teve seu corpo velado na Sede das Missionárias de Calcutá, onde pessoas muito especiais poderiam vê-la pela última vez. Depois, seu corpo foi levado para uma igreja junto de uma favela para que os pobres, aqueles a quem ela amou profundamente e serviu com desvelo pudessem também ver a sua benfeitora e despedir-se dela. Oito dias depois de sua morte seu corpo foi levado para um cemitério em uma carreta militar que antes já havia transportado o corpo de Mahatma Gandhi e Jawaharlal Nerhu. Naquele dia, o cemitério se encheu de pessoas que, com lágrimas nos olhos e enorme tristeza na alma, vinham vê-la pela última vez.

XIX

Colhendo o que plantou

Enquanto esteve encarnada, Madre Teresa recebeu mais críticas do que elogios. Temos a impressão de que a obra de Madre Teresa incomodava a sensibilidade de algumas pessoas que se envergonhavam de nada fazer pelo próximo. Madre Teresa com seu trabalho mostrava a todos o que deve ser feito e muitos não gostavam disto e procuravam defeitos nesta obra para se compensarem de sua inércia e insensibilidade.

O reconhecimento da obra de Madre Teresa teve início vinte anos antes de sua morte em 1977, com a publicação de um livro a ela favorável, que se intitulava *Something Beautiful For God*, que se traduz por "Alguma Coisa Bela para Deus". O seu autor era escritor, conferencista e radialista de nacionalidade inglesa, nascido em 1903 e desencarnado em 1990, chamado Malcolm Muggeridge. Na década de 1930, Muggeridge vivera em Calcutá durante o domínio inglês do Raj.[60] Entenda-se como Raj o

---

[60] N.E.: O governo britânico na Índia. No século XVII, a rainha Elizabeth instituiu a Companhia das Índias Orientais (*East India Company – EIC*), voltou sua atenção para os têxteis, especiarias e o ópio da Índia. A Índia estava longe de ser um país unificado e era formada por diversos territórios, cada um com seus governantes. A EIC fechou vários contratos com esses governantes e gradualmente foi tornando-se influente em todo o subcontinente. Com o crescente aumento do poder administrativo e político da Companhia das Índias Orientais, a relação entre o povo local e os colonizadores europeus tornava-se cada vez mais hostil. A empresa conseguiu sufocar as rebeliões

José Carlos Leal

conjunto de colônias inglesas que ia desde a Índia até parte da Indochina.

Naquela época, o atraso científico-tecnológico e os problemas sociais da Índia eram muito grandes. Os ingleses tinham consciência disto, mas nada faziam para minorar a situação, a não ser discursos, palavras, palavras e nada mais além de palavras. Muggeridge ficou impressionado quando soube do trabalho de Madre Teresa junto às favelas, esquinas, becos e ruelas de Calcutá e, emocionado, escreveu este livro para divulgar o trabalho dela.

Este livro é obra de um inglês, não de um indiano. O reconhecimento da Índia aconteceu em 1962, quando a religiosa recebeu, merecidamente, o prêmio "Padma Shri", que era então a segunda honraria mais importante naquele país. Catorze anos depois, em 1976, ela recebeu o prêmio João XXIII, dedicado aos pacificadores. Em 1979, ela recebeu o Prêmio Nobel da Paz. Em 1983, Madre Teresa foi laureada com a Medalha de Ordem Honorária do Mérito. Ela recebeu esta homenagem das mãos da rainha Elisabeth, que reconhecia o seu trabalho caritativo na antiga colônia inglesa. Ainda neste mesmo ano tornou-se cidadã estado-unidense, pois até mesmo os estado-unidenses se rendiam ao trabalho desta mulher incrível.

Além de todas essas homenagens, ainda temos o filme sobre a sua vida, baseado no livro de Malcolm Muggeridge ao qual já fizemos referência, realizado em 1971. Um outro filme chamou-se

---

indianas do século XVIII, mas, em 1857, membros indianos da milícia da empresa se revoltaram, marcando o início da Rebelião Sepoy, ou a Guerra da Independência Indiana. Os ingleses conseguiram conter a rebelião. O governo britânico dissolveu a EIC e manteve uma administração direta na Índia. Os governantes britânicos na Índia ficaram então conhecidos como Raj. Em 1919, o foco dos indianos passou a ser a independência do país, foi quando Gandhi surgiu.

Em Nome dos Pobres de Deus, dirigido Por Kevin Connor e no papel de Madre Teresa estrelou Geraldine Chaplin; uma minissérie da TV italiana intitulada *Madre Teresa* estrelada por Olivia Hussey no papel principal. Por fim, ainda podemos citar um belo livro intitulado *Madre Teresa, venha, seja minha luz*, escrito por Brian Kolodiejchuk, um padre canadense que conheceu Madre Teresa em 1977 e conviveu com ela até o ano da morte dela em 1997. Foi o postulador do processo de beatificação e de canonização de Madre Teresa e diretor do *Mother Teresa Center*.

XX

A Beatificação e a Canonização de Madre Teresa

A palavra beatificação deriva do latim *beatifico*, que significa "tornar bem-aventurado". Esta palavra se diz em grego *makários*. No Catolicismo a beatificação é o ato de se atribuir a alguém, homem ou mulher, a qualidade de beato ou beata. Nessa condição, a pessoa desencarnada goza do privilégio de interceder por pessoas encarnadas que a eles se dirigem por meio de preces.

Aqui se pode perguntar: qual a diferença entre beatificação e canonização? Vejamos. A beatificação é a autorização da igreja local para veneração de alguém que possua méritos suficientes para alcançar a beatitude. A canonização ou ato de colocar em um cânon, rol ou lista dos santos já existentes o nome de uma pessoa que foi beatificada. Enquanto a beatificação é mais local ou particular, a canonização é mais universal. O Papa Paulo VI alterou significativamente as práticas do Vaticano com respeito à beatificação. Ele foi o Papa que mais beatificou. Até novembro de 2004 havia beatificado 1. 340 indivíduos.

Em nossos dias, as dioceses podem abrir processos de beatificação e para tanto precisam de um padre que se chama postulador ou postulante, que deverá apresentar o candidato a beato e advogar sua causa. No passado, durante o processo de canonização havia um Promotor da Fé (*Promotor Fidei* em latim) designado pela Igreja. A sua função era procurar na biografia do candidato atos que significassem falhas morais ou a inexistência de provas

José Carlos Leal

nos supostos milagres apresentado pelo padre postulante e apresentar suas considerações à Cúria Romana. Por exercer esta função ficou conhecido como advogado do diabo (*advocātus diaboli* em latim).

A função de advogado do diabo foi criada em 1587 no Pontificado de Sisto V (1555-1590) e extinto por João Paulo II, em 1983. Esta atitude de João Paulo fez aumentar consideravelmente o número de canonizados e propiciou cerca de 1.300 beatificações. Entre 1900 e 1983 houve 98 canonizações. Este fato comprova que o advogado do diabo era, de fato, um dificultador das canonizações.

No início do processo de beatificação, o pretendente era chamado "servo de Deus". Para que alguém consiga a condição de beato é necessário que ele tenha feito em vida ou depois de sua morte, pelo menos um milagre que possa ter sido comprovado por testemunhas qualificadas. Uma vez beatificado, procede-se o processo de canonização.

No caso de Madre Teresa, o milagre teria sido a cura de uma mulher bengali de 30 anos, por nome Monica Besra, vítima de um tumor no estômago que poderia levá-la à morte. Esta mulher contou que sofrendo muito buscara o auxílio das Missionárias da Caridade. Depois disto, ao entrar em uma capela teria visto um foco de luz que se projetava em sua direção, vinda de um quadro de Madre Teresa. As irmãs oraram por ela e, no dia seguinte, estava curada.

O caso foi parar na Comissão de canonização do Vaticano que reconheceu a cura de Monica como de natureza sobrenatural. Assim que o milagre chegou à mídia o governo de Bengala Ocidental promoveu uma investigação sobre o caso. O Dr. Partho, de que exercera o cargo de ministro da saúde bengalês,

Jesus de Nazaré e Madre Teresa de Calcutá

afirmou que, sem desejar desrespeitar Madre Teresa, mas, a bem da verdade, o que aconteceu com Monica Besra não foi um milagre. Mais dois médicos, os doutores Manju Murshed e Ranja Mustafi, que haviam cuidado de Monica quando acometida por uma meningite tuberculosa, afirmaram que o tumor estava relacionado com a doença que eles trataram e desapareceu pelo uso de medicamentos específicos. Mais à frente, um outro médico indiano atestou que a cura havia sido milagrosa. O marido de Besra, que no começo sustentara a tese de milagre, retratou-se e contou que a sua história não era verdadeira e que ele só queria chamar atenção. Apesar disto, Madre Teresa foi beatificada em outubro de 2003, ante centena de milhares de pessoas. Para que Madre Teresa seja canonizada seria necessário mais um milagre aprovado pelo Vaticano.

COLEÇÃO JESUS

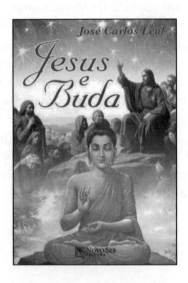

JESUS E BUDA
José Carlos Leal
184p. | ISBN 978-85-63964-37-3

Em *Jesus e Buda* você encontrará um estudo comparativo das doutrinas de Buda e de Jesus e a relação desses dois homens com a Reencarnação e a Ética. O livro também apresenta preciosas informações sobre a vida desses dois espíritos de grande envergadura moral — príncipe Sidarta, posteriormente Buda, com sua irrefreável busca pela verdade, e Jesus, com seu exemplo e prática, a personificação maior da Verdade na Terra —, ambos aqui estiveram e disseminaram a lei de amor, justiça e caridade.

COLEÇÃO JESUS

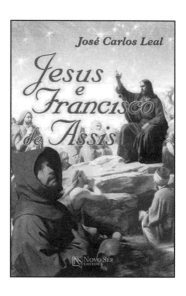

JESUS E FRANCISCO DE ASSIS
José Carlos Leal
248p. | ISBN 978-85-63964-67-0

Como é dito no livro de Emmanuel — *A caminho da luz*, Jesus foi o gerenciador do planeta Terra na sua formação. Com isso, Ele se tornou responsável por este planeta e cuida dele com solicitude paternal. Formou Jesus uma equipe de espíritos para colaborarem na evolução da humanidade terrestre. Pertencem a este grupo: Buda, Krishna, Pitágoras, Sócrates, Platão e muitos outros, inclusive o nosso Allan Kardec. Desse grupo de espíritos faz parte Francisco de Assis, o Grande Santo da Idade Média. Francisco reencarnou com a finalidade de dar uma nova orientação à Igreja Católica que estava em crise. Buscou primeiramente humanizar a Igreja, torná-la mais fraterna, mais amorosa e menos bélica.

COLEÇÃO JESUS

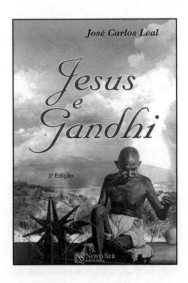

JESUS E GANDHI
José Carlos Leal
216p. | ISBN 978-85-63964-02-1

Gandhi um não cristão conseguiu chegar mais perto dos ensinamentos de Jesus do que boa parte dos cristãos. Não se trata de algo fácil, pois a conquista do reino exige de cada um de nós mudanças significativas no sentido do bem. Esta obra apresenta fatos relevantes da vida de Gandhi e Jesus Cristo, analisando suas ideias e práticas. É considerado um livro de autoajuda, uma vez que mostra ao leitor como é possível seguir Jesus mesmo no século XXI.